AUTISMO

NOVOS ESPECTROS, NOVOS MERCADOS

Agnès Aflalo

AUTISMO
NOVOS ESPECTROS, NOVOS MERCADOS

1ª Edição
POD

KBR
Petrópolis
2014

Coleção Psicanálise & Ciência - EBP

Tradução **André Antunes da Costa**
Revisão do francês **Ana Paula Lorenzi**
Revisão e coordenação **Marcelo Veras**
Edição de texto **Noga Sklar**
Editoração **KBR**
Capa **KBR s/ foto original de Marcelo Veras**

ISBN **978-85-8180-232-9**

KBR Editora Digital Ltda.
www.kbrdigital.com.br
www.facebook.com/kbrdigital
atendimento@kbrdigital.com.br
55|24|2222.3491

PSY022020 - Transtornos do espectro autista

Agnès Aflalo vive em Paris. É psicanalista e psiquiatra, membro da Escola da Causa Freudiana e da Associação Mundial de Psicanálise e professora na Seção Clínica Paris-Île-de-France. Foi editora-adjunta do jornal *Le Nouvel Âne* e contribuiu para várias obras coletivas: *Connaissez-vous Lacan?* (Seuil, 1992); *Qui sont vos psychanalystes?* (Seuil, 2002); e *L'Anti-Livre noir de la psychanalyse* (Seuil, 2006). No Brasil, publicou também *O assassinato frustrado da Psicanálise*, pela Contra Capa.

Sumário

Apresentação

"Venceremos porque não temos outra escolha": a frase com que a autora termina este livro nos remete à ideia de uma escolha forçada, forma como Lacan se referia à "escolha da estruturação subjetiva" em oposição à ideia de um livre arbítrio para o ser falante.

Engana-se quem pensa tratar-se de erradicação total do espectro autista pelo método da psicanálise, por se colocar esta como invencível. Ao contrário, este livro mostra como foi deflagrada uma verdadeira máquina de guerra contra a psicanálise, desde o isolamento do termo "autismo infantil", avaliado como raro nos manuais de diagnóstico tais como o *DSM-III*, transformado em desordem autista (TA) e ampliado como distúrbio do espectro autista (*DSM-5*).

Agnès Aflalo, em seus próprios termos, mostra a expansão, a hegemonia do autismo como mais um distúrbio fabricado nos Estados Unidos para servir aos propósitos da indústria farmacêutica. Não se trata de hegemonia da psicanálise como método de tratamento, mas, sim, de uma campanha para escorraçá-la, por não se adequar aos propósitos da *Big Pharma*.

Na contramão dessa campanha de difamação, que não se restringe à França ou aos Estados Unidos — conforme pudemos verificar recentemente, quando iniciativas públicas lançaram editais convocando profissionais para trabalhar na área requerendo qualificação restrita ao campo da psicologia cognitiva e/ ou comportamental, colegas brasileiros se dedicaram a mostrar ao público em geral como um psicanalista entende e procede no tratamento de sujeitos diagnosticados sob essa nomenclatura. Refiro-me ao livro *Autismo(s) e atualidade, uma leitura lacaniana*, lançado em 2012 pela Escola Brasileira de Psicanálise. Dele, cito uma frase de uma colega de São Paulo, que resume a aposta da psicanálise na singularidade do sujeito autista: "O tratamento de um sujeito autista a partir da psicanálise de orientação lacaniana exige estar atento ao que o próprio sujeito se esforça por empreender, para dar ordem ao caos do mundo, e acompanhá-lo na construção de uma nova borda, sem querer forçar, de nossa parte, uma alienação que não se efetuou".[1]

---

1 Prado, Teresinha. Um certo saber-fazer com o léxico. In: Murta, A.; Calmon, A.; Rosa, Marcia (org). *Autismo(s) e atualidade, uma leitura lacaniana*. Belo Horizonte: Scriptum, 2012, p. 164.

É nessa mesma via, que nos concerne também no Brasil, de possibilitar o alcance do que a psicanálise tem a oferecer nesse campo, desmistificando boatos acerca de sua abordagem, que este livro se insere. Outro ponto alto deste magnífico texto de Agnès Aflalo é a referência bibliográfica, a revisão da literatura sobre o tema: nada escapa à sua astúcia, varredura extremamente fina, à espreita dos ataques feitos à psicanálise e sua ética, a serviço do consumo de produtos que não servem a nada e a ninguém.

Enfim, a discussão proposta por este livro contribui para o debate e desmistifica uma série de pré-conceitos em relação à psicanálise e ao tratamento dos sujeitos agora diagnosticados sob a chancela do "espectro autista", evidenciando os bastidores de uma batalha que não está a serviço do sujeito autista, mas de uma lógica de mercado visando ao consumo, em detrimento da singularidade de cada um.

Boa leitura.

Angelina Harari

Prefácio

E = HGM: A segunda tentativa
fracassada de assassinato da psicanálise[2]

Pela segunda vez, em menos de dez anos, um projeto de lei gostaria de proibir a prática da psicanálise, desta vez com os autistas, por um motivo que seria provado "cientificamente" — a psicanálise é ineficaz, e até nociva para eles. Este novo ataque não somente constrange o discurso analítico a um novo esforço de esclarecimento, mas o coloca em uma conjuntura de escolha forçada: ele deve se reinventar ou desaparecer.

É certo que a psicanálise já se reinventou diversas vezes. Com Freud, estava reservada para poucos afortunados privilegiados; no pós-guerra, conheceu um sucesso de massa e seu impacto ficou

---

2 Texto baseado na intervenção de Agnès Aflalo nas 42ᵉ *Journées de l'ECF*, em 7 de outubro de 2012. Tradução de Ana Martha Maia.

amortecido, como mostra o grande número de psicoterapias nela inspiradas. Lacan precisou então reinventar a psicanálise, tanto sua práxis como sua teoria. Sua prática lhe ensinou que além do inconsciente freudiano, simbólico, em que os significantes vêm em pares, haveria um inconsciente real onde os significantes não são enlaçados entre si, são os *Um* sozinhos.

O ensino de Lacan nos permite responder a este novo ataque porque hoje está à nossa frente. E devemos reconhecer que se seu ensino é tão vivo, nós o devemos, em particular, a Jacques-Alain Miller, cujo Curso de Orientação Lacaniana nos propicia uma formação permanente há muitas décadas, e cuja transmissão é também uma reinvenção do discurso analítico: associado às contribuições de Éric Laurent, nos permite interpretar o mal-estar com que estamos lidando.

A psicanálise de orientação lacaniana é fundamentada na ideia de que o primeiro estatuto do sujeito não é determinado pelo laço com o outro, mas pelo gozo autista, ou seja, "o autismo nativo do sujeito". O encontro da linguagem com o corpo produz um trauma indelével para cada ser humano, a tal ponto que falar não é óbvio para nenhum de nós.

Alguns consentem em superar esse primeiro trauma. Passam, então, a acreditar — emprego este termo no sentido de Freud e de Lacan — no poder das palavras, e se apoiam na fala. Outros — os ditos autistas, no sentido clínico do termo — acreditam no contrário, que a linguagem tem apenas o poder traumático de perda de vida, e não consentem em se apoiar na fala. Recuperar um *a mais-de-vida* necessita passar pelo Outro — portanto, pelo laço social. Aqueles que se recusam, sofrem; e, com eles, os próximos. É como se, para eles, as provas da vida não passassem mais pela acumulação de palavras, mas pela acumulação de objetos singulares que o tratamento pode elevar à dignidade de *sinthoma*.

O ato analítico e a política das consequências

Que conclusões podemos tirar destas primeiras observações?

A política da psicanálise, do início ao fim da experiência psicanalítica, envolve o ato analítico e suas consequências, que podem ser apreendidas ao menos através de três vertentes:

— a primeira responsabilidade política do psicanalista é fazer existir o inconsciente. Por seu ato, ele o faz passar de estatuto do real à eficácia da relação transferencial. Lacan não se privou de mostrar o risco que corre a experiência analítica de virar um autismo a dois; e mostra que o psicanalista pode sair desse autismo a dois se fizer existir o discurso analítico;

— a segunda responsabilidade política do psicanalista é, portanto, começar e terminar sua análise, isto é, consentir em saber que o inconsciente nos coloca um destino e aceitar terminar a análise fazendo passar da impotência no coração do fantasma à impossibilidade lógica que encarna o real. O passe é um acréscimo à transmissão do que foi o primeiro trauma produzido pelo choque das palavras sobre o corpo e suas consequências. O psicanalista, então, é aquele que sabe usar seu próprio gozo autista residual, que já não depende mais do sintoma analisável, mas do *sinthoma* fora do sentido. Uma vez que aceitou a inexistência do Outro e, portanto, o fato de que falamos fundamentalmente sozinhos, ele pôde acolher o gozo autista de cada um dos que a ele se endereçam.

— a terceira responsabilidade política, na Escola de Lacan, passa pela decisão de se responsabilizar pelas consequências que se quer provocar nesse discurso. Seu sucesso de massa valeu à psicanálise a obrigação de ter que prestar contas aos poderes públicos: já não poderia, portanto, limitar-se à esfera privada. Desde 2003, de fato, o futuro do discurso analítico é sustentado por cada psicanalista que consente em tomar posição no debate público "a favor ou contra a psicanálise".

Autismo, um dos nomes do mal-estar contemporâneo

Há um século, o psiquiatra Eugène Bleuler criou a palavra "autismo"; e nestes vinte últimos anos, aquilo a que denominamos chamamos autismo mudou muito. O *DSM*, manual de estatísticas e diagnósticos psiquiátricos, não parou de expandir sua definição, fazendo-nos acreditar em uma epidemia, numa operação favorável ao crescimento da *Big Pharma*. Teria o público acolhido essa transformação essencialmente para apagar a marca infame da segregação fabricada pelos diagnósticos psiquiátricos? Hoje, os autismos de Kanner ou de Asperger são percebidos como menos estigmatizantes do que os diagnósticos de hebefrenia e de catatonia, que caíram em merecido esquecimento.

No entanto, os objetivos expansionistas do *DSM* têm sido criticados, em particular por seus editores. Então, a questão que se coloca é saber por que, na França, a burocracia sanitária custa a reconhecê-los e a tirar suas conclusões. Seria o enigma do corpo sexuado o coração do sintoma que continua a escandalizar no século XXI? Na verdade, no momento em que a adição generalizada faz aparecer a exigência de gozo como um inalienável direito de desfrutar, por que a clínica do autismo não revelaria esse impasse? Quanto mais o mal-estar contemporâneo cristaliza o *Um* singular de gozo autista do sintoma, mais a norma estende seu *diktat* sobre todos, como consequência.

E = HGM

E = HGM (Eugenismo = Humano Geneticamente Modificado) é a fórmula que satisfaz ao *diktat* da norma. No século XXI, o HGM é a nova face de um eugenismo que poderia muito bem ser promovido pela ideologia que opera na psiquiatria, orientando o *DSM*. Os diagnósticos do manual são uma prática de segregação; e o eugenismo que propõe um aperfeiçoamento da raça é a expressão da segunda recusa desta segregação. O pós-humano será, sem dúvida, bem mais eficaz do que os humanoides já construídos no Japão para servir às populações — em primeiro lugar as pessoas idosas, crianças etc. — mas mais fundamentalmente para escravizá-los também. As modificações genéticas de seres humanos poderiam em breve substituir as reeducações comportamentais, criticadas por seus próprios "beneficiários" e muito caras para os Estados obrigados a praticar economias em grande escala.

Podemos prever que as manipulações genéticas não se limitariam somente à escolha da cor de olhos ou à prevenção de doenças orgânicas potencialmente mortais, como a hemofilia. O eugenismo psi já foi testado, com a finalidade de normatizar os comportamentos e a obtenção de novas garantias de gozo padronizado e controlável. Este novo modo de gozo seria, então, um fator político estruturante em nosso mundo democrático, e a política do discurso analítico deveria doravante levar isso em conta.

Os interesses econômicos em jogo na fabricação do *DSM* são perceptíveis. Na verdade, depois de impor a ideia de que o ser humano é redutível a comportamentos animais passíveis de reeducação, trata-se agora de vender a causa genética do sintoma psi. Então, caso se tornasse sistemático e obrigatório, o teste genético sem dúvida asseguraria que as manipulações do genoma humano são o único tratamento preventivo.

Recentemente, o *New York Times* consagrou um artigo às pesquisas dos laboratórios farmacêuticos enfocando as modificações da herança genética humana. O jornalista Moises Velasquez-Manoff se fez eco da hipótese de um distúrbio imunológico na raiz do autismo. Em consequência, propôs um teste genético seguido de uma modificação da herança genética naqueles, cada vez mais numerosos, que correm risco. A objeção, no sentido de afirmar que o gene do autismo não existe, não impedirá certamente alguns Drs. Fantásticos[3] de comercializarem os HGM.

No passado, estabeleci uma relação entre o

---

3 N. E.: ref. "Dr. Fantástico", filme de Stanley Kubrick (1964).

sintoma biopsicossocial e o eugenismo; no meu último livro, avancei na ideia segundo a qual os atuais ataques contra o discurso analítico são uma vasta campanha de marketing feita para vender produtos farmacêuticos e testes genéticos que permitem camuflar o risco do autismo. Assim, a fabricação do "autismo-*DSM*", concebido como uma epidemia, assegura um mercado mundial para os produtos da *Big Pharma*.

Em outro artigo, desta vez do *Wall Street Journal*, Melinda Beck confirmou a hipótese segundo a qual os testes de pesquisa genética do autismo estariam em breve no mercado, com preço superior a 2 mil euros por teste. Se se tornassem obrigatórios e reembolsáveis, os laboratórios obteriam dos Estados a bolada financeira esperada.

Devo a J.-A. Miller ter tomado conhecimento destes dois artigos. A extensa campanha de marketing antipsicanálise que impera há dez anos teria então como objetivo — podemos ao menos levantar essa hipótese — convencer a administração da saúde pública de que a mente é uma questão genética, para em seguida poder explorar o genoma humano e colocar o bebê-HGM à venda. A razão da hostilidade declarada à psicanálise pode, assim, se resumir numa frase: "Falar não é rentável."

Fazer acreditar que é possível modificar geneticamente ao nascer o psiquismo de uma criança é uma nova ilusão. Mas o logro da formação de seres humanos HGM tem outras consequências além destas que aqui revelo, como a formação de doenças, porque esta nova formação modifica a realidade dos seres falantes — o direito, que legisla sempre sobre o gozo, talvez legalize em breve este modo de gozo conforme o ideal tirânico da norma. Para sermos convencidos é suficiente ler o artigo sobre os desafios do neurodireito, intitulado "O cérebro e a lei: ética e prática do neurodireito",[4] publicado pelo Centro de Análise Estratégica (CAS). O "neurodireito" abrange as aplicações jurídicas das neurociências — a saber o que é chamado pomposamente "a ciência comportamental", como se um ser humano pudesse deixar-se reduzir a uma categoria de comportamentos animais. Naturalmente, esta questão seria melhor apreendida se o HGM estivesse legalizado.

A psicanálise depende do real

A rapidez com que as palavras se desgastam e as mutações da realidade do organismo induzidas pelas mutações genéticas permitem prever que a batalha do autismo não vai durar muito tempo. Outros nomes o substituirão para nomear o *Um* opaco do gozo, foracluído pela ciência; acentuando o *Um* da linguagem que codifica o gene, em detri-

---

4   http://www.strategie.gouv.fr/content/le-cerveau-et-la-loi-
-ethique-et-pratique-du-neurodroit-note-danalyse-282-sep-
tembre-2012.

mento do *Um* opaco do gozo, a ciência se impõe de forma irremediável — dito de outro modo, quanto mais o discurso da ciência se baseia no *Um* sozinho, que inclui a linguagem, mais o cientificismo faz um apelo à servidão sob o novo nome de HGM.

É sempre possível atuar como se esse risco não existisse. Falamos, então, de recalcamento. Mas a psicanálise nos ensina que o recalcado retorna sempre, como um bumerangue, sob a forma de uma doença irreconhecível. É possível, então, predizer o sucesso da psicanálise. Se os psicanalistas não desistirem, terão um futuro mais adiante, e a própria psicanálise saberá responder aos novos sintomas, gerados pelas mutações do real do organismo: quando o HGM vier a ser comercializado, em nome do direito inalienável ao gozo e apoiado no imperativo da economia orçamentária, constataremos que a sexualidade persiste em se apresentar como um enigma.

De fato, os cromossomas que carregam a diferença entre os sexos são conhecidos há muitos anos, mas o corpo sexuado permanece um enigma para cada um. O que está em jogo não é a fragilidade conceitual dos cromossomas X e Y, mas sim o direito de cada um a fazer de seu corpo um destino. Por mais louca que seja a vontade de manipular o patrimônio genético para normalizar o gozo do sintoma, o modo de formar um casal nunca poderá ser universalizado. Os animais o fazem graças a seus instintos, mas aos humanos feitos de carne e verbo falta esse saber instintivo. O corpo sexuado, portanto, continua a ser um enigma; e cada um, hetero ou homossexual, deve inventar seu jeito de se unir ao outro. Se o enigma do corpo sexuado desde sua criação é a própria condição humana, a psicanálise nos ensina que a anatomia não basta para fazer um destino. É preciso uma insondável decisão do ser para habitar seu corpo e compor com o real do gozo, e uma política consequente não pode ignorar que a psicanálise depende deste real.

Agnès Aflalo

1.

Há alguns meses a psicanálise tem sido, mais uma vez, objeto de ataques violentos na França. Para compreender o que acontece, não é inútil relembrar o contexto internacional e nacional em que eles ressurgem.

O autismo maltratado

No nível internacional, é a publicação do *DSM-5*[5] quem dita o ritmo, já que seus diagnósticos — objetos de uma comercialização frenética —, geram para a indústria farmacêutica um mercado que se contabiliza em bilhões de dólares. Ora, a catego-

---

5 *DSM*: Manual diagnóstico e estatístico dos transtornos mentais [*Diagnostic and Statistical Manual of Mental Disorders*], considerado a "norma" mundial em matéria de classificação das doenças mentais.

ria "autismo", que deveria se ampliar, vem sendo maltratada. Seus apoiadores, geralmente adeptos das Terapias Cognitivo-Comportamentais (TCCs), estão sendo forçados a expandir seu campo de atuação fora dos Estados Unidos para não verem sua influência se reduzir drasticamente e pagarem caro por isso.

Na França, o relatório da Alta Autoridade da Saúde[6] (HAS) sobre as boas práticas para o tratamento do autismo estava sendo ansiosamente aguardado, já que deveria permitir que os defensores das TCCs se apropriassem de um mercado há muito cobiçado. E foi precisamente um pouco antes da publicação desse relatório que um documentário tentou colocar em descrédito psicanalistas de orientação lacaniana, enquanto um projeto de lei foi depositado com o intuito de proibir o exercício da psicanálise para "autistas".

Em meados de fevereiro de 2012, o jornal *Libération* revelava que, nesse relatório, a HAS tinha a intenção de desacreditar a psicanálise. A HAS publicou em seu próprio site um desmentido, imediatamente difundido pelo site *Lacan Quotidien*. Desde então, uma "Petição internacional para a abordagem clínica do autismo", colocada em circulação pelo *l'Institut psychanalythique de l'enfant* (Universidade Popular Jacques Lacan), recolheu mais de onze mil assinaturas, e continua a ser mobilizada

---

6 Em francês: *Haute Autorité de Santé*.

bem além das fronteiras locais.[7] Esta mobilização[8] conseguiu fazer a HAS recuar, retomando o ponto pelo qual foi condenada para esclarecer que não tinha condições de julgar a psicanálise. De fato, em seu relatório tornado público, indicava no dia 8 de março de 2012, no capítulo "Intervenções globais não consensuais", que "a ausência de dados sobre sua eficácia e a divergência de opiniões exprimidas não permitiam uma conclusão referente à pertinência das intervenções embasadas pelas abordagens psicanalíticas e pela psicoterapia institucional" no que se refere ao tratamento do autismo e de outros Transtornos Invasivos do Desenvolvimento (TID).

A HAS se apresenta como um organismo público, independente da expertise científica. Entretanto, suas recomendações, longe de serem independentes como pretende, são fundadas nas opiniões de especialistas que em sua maioria são subservientes ao *DSM*, e, consequentemente, como veremos, estão a serviço da indústria farmacêutica.

Dito de outra maneira, a HAS conservou a

7 *Cf.* Favereau, É. Autisme : les psys réduits au silence. In: *Libération*, 13 de fevereiro de 2012 (Fonte : http://www.liberation.fr/societe/2012/02/13/autisme-les-psys-reduits-au-silence_795568); La fin du règne de La HAS?. In: *Lacan Quotidien*, nº 158, 17 de fevereiro de 2012 (Fonte: http://lacanquotidien.fr).

8 No dia 04 de março de 2012, Jacques-Alain Miller organizava uma coletiva de imprensa no âmbito da Universidade Popular Jacques Lacan (disponível na internet). Este livro retoma o escopo do longo artigo preparado na ocasião dessa conferência.

mesma orientação controversa da Agência Nacional de Credenciamento e de Avaliação em Saúde (ANAES)[9] que a precedeu. Já colocada anteriormente no banco dos réus pelos *Forums des psys* e pelo jornal *Le nouvel Âne* — no momento do assassinato frustrado da psicanálise[10] na França, em final de 2003 — ela retorna em 2012.

Uma máquina de guerra contra a psicanálise

Desde a sua terceira edição, em 1980, sabe--se que o *DSM* se tornou uma máquina de guerra contra a psicanálise. Melvin Sabshine, diretor da *American Psychiatric Association* (APA), havia decidido na época medicalizar a psiquiatria, e foi esta a finalidade atribuída ao *DSM-III*. Robert Spitzer foi então nomeado para erradicar as concepções freudianas do sintoma, presentes nos *DSMs I* e *II*. Assim, os sintomas trazidos à tona pela psicanálise foram rejeitados e outros foram fabricados com a ajuda de questionários das TCCs; e dessa forma o

9 Em francês: Agence Nationale d'accréditation et d'évaluation en Santé.
10 *Cf. Forums des psys*, desde o final de novembro 2003, e *Le Nouvel Âne*, em particular o n° 2, Paris, Navarin, 15 de dezembro de 2003 [s/ dir. J-A. Miller]: "Elkabbach coloca a questão da avaliação ao diretor da ANAES, Alain Coulomb, e ao deputado da UMP Jean-Michel Fourgous", pp. 10 a 18; cf. também Aflalo, A., *O assassinato frustrado da Psicanálise*, Rio de Janeiro, Contra Capa, 2012.

DSM se tornou uma ferramenta fabricada pelos e para os adeptos das TCCs, para o grande benefício da *Big Pharma* e das companhias de seguro.

Citemos o exemplo da timidez: rebatizada de "fobia social", se tornou o terceiro transtorno mental mais diagnosticado nos Estados Unidos,[11] e este mesmo procedimento fez surgir uma centena de novos diagnósticos a partir do *DSM-III* sem que nenhuma descoberta clínica os justificasse.[12]

O *DSM* constitui uma função econômica em vários níveis. É a referência obrigatória das companhias de seguro, dos hospitais, dos tribunais e das prisões, das escolas, da Administração e do resto das profissões médicas, mas seu objetivo principal é fazer vender. Em 2010, Carol Bernstein, presidente da APA, escrevia "que seria preciso fazer com que os pacientes aceitassem os tratamentos farmacológicos surgidos recentemente".[13]

---

11 *Cf.* Lane C. *Shyness. How Normal Behavior Became a Sickness* [2007], trad. *Comment la psychiatrie et l'industrie pharmaceutique ont médicalisé nos émotions*. Paris: Flammarion, 2009. Esse livro recebeu o prêmio Prescrire em 2010.

12 *Cf.* Kirk S.; Kutchins H. *The Selling of DSM. The Rhetoric of Science in Psychiatry* [1992], trad. *Aimez-vous le DSM, Le triomphe de la psychiatrie américaine*. Le Plessis-Robinson, Institut Synthelabo, 1998.

13 *Cf.* Bernstein C. A. Meta-structure in *DSM-5* process. In: *Psychiatric News*, vol. 46, n° 5, 4 de março de 2011, p. 7, citado por M. Angell, em "A qui profitent les psychotropes?". In: *Books*, n° 29, dossier "Intox, Les médicaments de l'esprit", fevereiro de 2012, p. 31 (Fonte: http://bibliobs.nouvelobs. com). M. Angell, médica e escritora americana, foi a primeira

O inconveniente do *DSM* é que ele impõe unicamente as ideias de seus autores. Com relação ao *DSM-III*, R. Spitzer acaba reconhecendo que "pedia a todos os colegas com quem se sentia em acordo" para permanecerem com ele dentro do comitê de redação, que contava com quinze membros — os quais deviam às vezes se queixar do fato de que ele os convocava raramente, e "dirigia os trabalhos de modo pouco metódico e muito autoritário".[14] Marcia Angell acrescenta que "Spitzer declarou em uma entrevista em 1989: 'Eu alcançava meus objetivos fazendo minha ladainha para o público e outras coisa desse tipo...'".

Os estragos que o *DSM* impõe à psiquiatria não são nada reconfortantes, e vêm sendo demonstrados em várias publicações. É o caso, particularmente, de três livros publicados recentemente, que constituem um potente instrumento crítico contra tais danos e suas consequências na psiquiatria: *Antidepresseurs: Le Grand Mensonge* [*Antidepressivos: a grande mentira*] de Irving Kirsch;[15] *Anatomy of an*

---

mulher a ocupar o cargo de chefe de redação do *New England Journal of Medicine*. Em 2011, ocupou o cargo de *senior lecturer* do Departament of Social Medicine na Harvard Medical School, Boston, Massachusetts.

14 Acerca do relato de M. Angell. A qui profitent les psychotropes? *Op. cit.*, p. 31.

15 *Cf.* Kirsch I., *The Emperor's New Drugs. Exploding the Antidepressant Myth* [2010], trad. *Antidépresseurs. Le Grand Mensonge*, Champs-sur-Marne, Music and Entertainment Books, 2010. I. Kirsch é psicólogo na Universidade de Hull, Grã-Bretanha.

Epidemic [*Anatomia de uma epidemia*], de Robert Whitaker;[16] e *Unhinged: The Trouble with Psychiatry* [*Desequilibrado: o problema da psiquiatria*], de Daniel Carlat.[17] M. Angell os homenageia em um dossiê recente da revista *Books*,[18] e seu artigo é em parte retomado aqui juntamente com as teses de outros autores que publicaram sobre os mesmos temas.[19]

---

16 *Cf.* Whitaker R. *Anatomy of an Epidemic. Magic Bullets, Psychiatric Drugs, and the Astonishing Rise of Mental Illness in America.* New York: Broadway Paperbacks, 2010. R. Whitaker é jornalista, autor de uma história dos tratamentos das doenças mentais: *Mad in America. Bad Science, Bad Medicine and the Enduring Mistreatment of the Mentally Ill.* Cambridge (MA): Perseus, 2002.

17 *Cf.* Carlat D. *Unhinged. The Trouble with Psychiatry. A Doctor's Revelations about a Profession in Crisis.* New York: Free Press, 2010. D. Carlat é psiquiatra no subúrbio de Boston.

18 *Cf.* Angell M. "À qui profitent les psychotropes?". *Op. cit.*, pp. 25-36; *cf.* também o conjunto do dossiê publicado no número 29 de *Books*, "Intox, Les médicaments de l'ésprit", pp. 23-44.

19 *Cf.* Healy D. *Psychiatric Drugs Explained*, 5ª edição [2009], trad. M. Debauche. *Les medicaments psychiatriques démystifiés*, préface de l'éd. franc. par G. Mignot, Issy-les-Moulineaux, Elsevier/ Masson, 2009; Blech J., *Die Krankheitserfinder* [2003], trad. *Les Inventeurs de maladies. Manouvres et Manipulations de l'industrie pharmaceutique*, Paris, Actes Sud, 2005; Pignarre Ph., *Le grand secret de l'industrie pharmaceutique*, Paris, Éd. La Découverte, 2003, réed. 2004; Pignarre Ph., *Les Malheurs des psys. Psychotropes et Médicalistation du social*, Paris, Éd. La Découverte, 2006.

2.

A HEGEMONIA DE UM ESPECTRO

O *DSM* não parou de estender arbitrariamente a categoria de autismo às crianças e aos adultos, a ponto de absorver progressivamente certa quantidade de outros diagnósticos psiquiátricos. Para se ter uma ideia, basta comparar as diferentes edições do *DSM* a propósito do diagnóstico de autismo infantil.

Vampirismo

DSM-III

Em 1980,[20] no *DSM-III*, o "autismo infantil"

---

20 As datas são referentes às edições sucessivas do *DSM* nos Estados Unidos. *Cf. American Psychiatric Association, DSM-III. Manuel diagnostique et statistique des troubles mentaux*, 3e édition, trad. P. Pichot & J.-D. Guelfi. Paris, Masson, 1983.

ocupa três páginas (pp. 97 a 100) e é considerado bastante raro: "Prevalência: O transtorno é bastante raro (2 a 4 casos para cada 10.000). É aparentemente mais frequente nas classes socioeconômicas favorecidas, mas sua causa não é clara".

O autismo está alojado na rubrica "Transtornos globais do desenvolvimento" (TGD). É ressaltado que essa rubrica, a partir de então, substitui a das psicoses infantis, já que as manifestações das psicoses adultas são consideradas como sendo de natureza diferente.[21]

Os diagnósticos diferenciais eleitos para o autismo são: o "Retardo mental", a "Esquizofrenia ocorrida na infância", o "Transtorno global do desenvolvimento iniciado na infância", a "Deficiência auditiva" e o "Transtorno de aquisição da linguagem".

DSM-IV

Em 1995, no *DSM-IV*, o autismo é rebatizado como "Transtorno Autístico" (TA). Esta nova denominação permite absorver dois outros diagnósticos: o Retardo Mental e os Movimentos Estereotipados. O Transtorno Autístico passa, assim, a cobrir duas vezes mais espaço (pp. 79 a 85).

---

21 Não foi preciso mais do que vinte anos para os "experts" do *DSM* se contradizerem também com relação a este ponto. De fato, a categoria "autismo" passa doravante a englobar as crianças e os adultos, apesar das diferenças julgadas outrora inadmissíveis.

A categoria que comporta o autismo é também renomeada para constituir os "Transtornos Invasivos do Desenvolvimento" (TID). Acolhe ainda a Síndrome de Asperger, diagnóstico que faz sua aparição nesse momento, abrangendo aquilo que a psiquiatria clássica denominava como "psicose crônica, mas sem déficit intelectual". Mais uma vez, uma nova denominação é imposta com o intuito de apagar a palavra "psicose".

O Transtorno Autístico continua bastante raro, já que sua frequência é notada como sendo de "2 a 5 casos para cada 10.000 pessoas"; mas foi repintado com as cores da democracia, já que não é mais mencionado como um signo das classes ricas.

Os diagnósticos diferenciais eleitos são, a partir desse momento, nomeados "Outros transtornos invasivos do desenvolvimento". Encontramos sempre a Esquizofrenia Infantil, à qual se acrescenta a Síndrome de Asperger. Mas outros diagnósticos diferenciais fazem sua aparição na época: a "Síndrome de Rett", o "Mutismo Seletivo" e um outro transtorno de linguagem. O antigo "Transtorno global do desenvolvimento da infância" é rebatizado como "Transtorno desintegrativo da infância".

DSM-IV-TR

Em 2000, no *DSM-IV-TR*, o transtorno autístico continua a prosperar, e se estende, a partir de então, por oito páginas (pp. 81 a 88). Nota-se uma

primeira tentativa para aumentar sua frequência, e
sua ocorrência é nesse momento notada assim: "5
casos para cada 10.000 indivíduos; as frequências
relatadas variam entre 2 e 20 para cada 10.000 indivíduos. Não se sabe ainda se as maiores frequências refletem as diferenças metodológicas ou um
aumento na frequência da doença".[22]

Um novo diagnóstico diferencial, batizado
de "Transtorno da linguagem", vem se somar aos
precedentes. A novidade se situa, principalmente,
do lado da Síndrome de Asperger, e os diagnósticos diferenciais dessa nova criatura fabricada pelo
DSM se estendem em duas direções opostas: de um
lado, as personalidades esquizoides com as quais ele
pode se confundir; e, de outro, as "Fobias sociais",
"Outros transtornos de ansiedade" e os "Transtornos obsessivos compulsivos" (TOC). A primeira
vertente acentua a patologia psicótica, enquanto a
segunda tenta banalizá-la.

DSM -5

Com o *DSM-5* e seus numerosos espectros, a

22 Este tipo de retórica dos experts *DSM* é conhecido: primeiro, uma formulação no condicional, que, se não encontra
contestação, se torna em seguida uma afirmação, sem que nenhum elemento novo, clínico ou científico, a justifique (*Cf.
American Psychiatric Association, DSM-IV-TR. Manuel diagnostique et statistique des troubles mentaux*, 4è édition texte
révisé, trad. J.-D. Guelfi & M.-A. Crocq. Paris: Masson,
2004, p. 84).

situação do autismo conhece um novo desenvolvimento. Em fevereiro de 2010, a APA torna pública uma versão preliminar dos critérios diagnósticos do *DSM-5* em seu site na internet:[23] o império do autismo deveria se estender no interior e no exterior da categoria; os novos critérios diagnósticos são reinventados com esse intuito e o autismo é cunhado com um novo nome, "Transtorno do espectro autista" (TEA). O espectro se torna, assim, compatível com outra criatura do *DSM*, o "Transtorno de déficit de atenção/ hiperatividade" (TDAH),[24] algo que o próprio *DSM* havia decretado como impossível até então. Mas quando o imperativo do lucro está em jogo, o *DSM* não se importa com a contradição. De fato, a associação desses dois transtornos deveria, inicialmente, facilitar o estabelecimento conjunto de uma série de operações de contagem, e, em seguida, de novas prescrições medicamentosas.

O bricabraque heterogêneo do espectro TSA

O espectro TSA é um bricabraque heterogêneo onde o autismo propriamente dito (dito "autismo de Kanner"), hoje, ocupa apenas um terço do total (Transtornos autísticos: 35%). Todo o resto

---

23 *Cf.* site da APA (http://psychiatry.org).
24 Ou ainda, TDA/H; em inglês: *Attention-deficit hyperactivity disorder* (ADHD) quando é acompanhado de hiperatividade/ impulsividade.

é estrangeiro ao autismo: 55% para o "Transtorno invasivo do desenvolvimento não especifico" (TID--NS); 8% para a Síndrome de Asperger; e 2% para o resto — a "Síndrome de Rett" (1%) e o "Transtorno desintegrativo da infância" (1%).

Desde que foi promovido ao grau de espectro, o autismo passou a poder abocanhar todos esses diagnósticos diferenciais e substituir os "Transtornos invasivos do desenvolvimento". A partir de então, o autismo deixa de ser uma pequena parte do conjunto e passa a nomeá-lo. Essa série de batizados só tem um objetivo: aumentar a prevalência do autismo para sustentar suas pretensões ao poder da "maioria", e são essas tentações hegemônicas do espectro que vieram a desencadear um violento contra-ataque nos Estados Unidos, por parte dos grupos que representam as pessoas acometidas pela Síndrome de Asperger e seus familiares.

De fato, a Síndrome de Asperger é utilizada pela *Big Pharma* como argumento de marketing para "vender" o autismo. Esta síndrome abrange aquilo que a psiquiatria clássica nomeava, em outros tempos, como "psicose sem déficit intelectual".

É fato conhecido já há muito tempo que certos sujeitos psicóticos podem também ser brilhantes artistas ou intelectuais, e grandes descobertas do último século devem bastante a eles. Jacques Lacan, que jamais cessou de lutar contra a concepção deficitária das psicoses, ressaltou com frequência esse aspecto, bem como as crises subjetivas que acompanhavam esses momentos fecundos de criação.

O marketing farmacêutico se esforça para comercializar o autismo apagando o que seu aparecimento deve à psicanalise; no entanto, foi graças à verificação da pertinência do ensino de Freud em sua clínica que Bleuler decidiu nomear de "autismo" certas psicoses infantis precoces. A recusa do nome "psicose" serve, assim, para banalizar o autismo; em seguida, sua associação à Síndrome de Asperger deve transformá-lo em invejável motivo de orgulho.

O marketing tenta nos fazer esquecer que o autismo precoce — também chamado "de Kanner" — é frequentemente associado a um retardo mental. É por esta razão que vários sites dedicados ao autismo glorificam os nomes dos membros que reconhecem como pertencentes ao grupo, na maioria já desaparecidos há bastante tempo, não tendo como recusar a homenagem dessa nova distinção. Entre os exemplos mencionados, citamos Sócrates, Newton, Kant, Mozart, Spinoza, Andy Warhol, Stanley Kubrick, Michelangelo, Leonardo da Vinci, Einstein etc., sem deixar de lado certos heróis de séries de TV e de quadrinhos que servirão para convencer amplamente, sobretudo às crianças, de que "ser autista" é uma sina invejável.

A penetração do espectro é facilitada por todos aqueles que se recusam a se submeter à segregação dos diagnósticos psiquiátricos. O diagnóstico de psicose, hoje em dia, é rejeitado, como foi tem-

pos atrás o de perversão, empregado para qualifi-
car certas homossexualidades. Assim considerado,
o autismo estigmatizaria menos, pareceria mais
inofensivo. Para os homossexuais, foi uma vitória
deixarem de constar no manual *DSM*, mas por que
deixar os heterossexuais? E, hoje em dia, que interesses levam a manter ali os autistas?

Batalhas estratégicas

Após ter recebido críticas virulentas contra
suas elucubrações, disponibilizadas na internet a título de projeto preliminar do *DSM-5*, o *DSM* teve
que recuar pela primeira vez na sua história. Alguns
meses depois, em fevereiro de 2012, a APA relatou
em seu site que tinha decidido reestruturar sua definição do autismo. Assim, a Síndrome de Asperger
deverá recuperar a autonomia perdida, recentemente, na classificação da referida versão do *DSM-5*.

Algumas associações que se dedicam ao autismo sinalizaram imediatamente suas inquietações com relação às consequências financeiras de
tal decisão. A fabricação do espectro deveria alçar
o autismo ao mesmo patamar dos outros "grandes
transtornos" do *DSM*, como o TDAH e o "Espectro do transtorno bipolar" (ETB), proporcionando
as mesmas vantagens àqueles que recebessem esse
diagnóstico.[25]

---

25 *Cf.* AFP, "Une refonte de la définition de l'autisme

A recusa dos apoiadores da Síndrome de Asperger a se deixarem vampirizar relança assim a batalha dos números, colocando em risco os esforços dos experts do *DSM-5* para fabricar esse novo híbrido a partir de nomeações sucessivas — isso, sem que houvesse novas descobertas clínicas ou estudos científicos que corroborassem tais manipulações de dados.

Uma questão se coloca: que poder pode opor-se assim potentes aos interesses das multinacionais farmacêuticas? A resposta é bem simples. É preciso saber que, nos Estados Unidos, o combate entre os que são a favor e os que são contra os medicamentos altera os ânimos. Todos aqueles que protestam contra a "psiquiatrização" forçada das crianças e dos adolescentes tornam-se imediatamente suspeitos de pertencer a uma poderosa igreja que as leis francesas conseguiram confinar à categoria de seita. Esses dois adversários, que se combatem arduamente há muito tempo, juraram exterminar a psicanálise, que recusa se submeter a interesses tão pouco divinos e tão monetários.

As opções estratégicas são bastante claras: em primeiro lugar, lançar a moda do *TSA*. Recordamos que o *DSM* já havia lançado duas modas sucessivas tendo por alvo as crianças: a do TDAH, e em segui-

agite la psychiatrie américaine", 5 de fevereiro de 2012 (disponível em: http://www.lapresse.ca/vivre/sante/enfants/201202/05/01-4492791-une-redefinition-de-lautisme-agite-la-psychiatrie-americaine.php).

da a do ETB (Espectro de transtornos bipolares). O TDAH conseguiu a façanha de transformar em hiperatividade patológica, a ser tratada de maneira sistemática, os momentos legítimos de inquietude de uma criança — manifestados por um aumento da atividade. O ETB, por sua vez, conseguiu o milagre de transformar momentos legítimos de tristeza em patologia, a ser tratada igualmente de maneira sistemática. Já a indústria farmacêutica utiliza os procedimentos mencionados sempre que quer intensificar a venda dos psicotrópicos que já tem à sua disposição.[26]

Dessa forma, a *pílula da obediência* para as crianças catalogadas como "hiperativas", e a *pílula da felicidade* para as catalogadas como "deprimidas", fizeram prosperar respectivamente as criaturas chamadas TDAH e ETB. Ora, até o momento, "o autismo" do *DSM* não conseguiu a façanha de se fazer identificar pelo grande público a um medicamento em particular. Em se tratando de autismo, fala de "estratégias medicamentosas diversificadas" e recomenda, entre outros: neurolépticos,[27] opiáceos,[28] carbonato de lítio, betabloqueadores,

---

26 Mais sobre esse ponto no decorrer deste livro. Estima-se, atualmente, que o autismo gera um mercado de 90 bilhões de dólares.
27 *Cf.* entre outros: clorpromazina, flufenazina, tiotixeno, levomepromazina, tioridazina, haloperidol, pimozida etc.
28 *Cf.* a "droga da serenidade".

antidepressivos,[29] pílula da obediência,[30] estimulantes, antifúngicos, tratamentos hormonais, vitaminas, cálcio etc.

O lançamento do *DSM-5* deve, em seguida, engendrar novos mercados, dedicados à pesquisa genética. O site da APA sublinha, de fato, que o TSA do *DSM-5* poderia incluir transtornos genéticos e médicos, assim como outros fatores biologicamente definíveis.[31]

Desde que a chegada dos genéricos atenuou seu crescimento, a *Big Pharma* se viu obrigada a procurar outros mercados, mais promissores do que o voltado apenas aos medicamentos. Imaginamos, portanto, o que os testes genéticos, custando alguns milhares de dólares, poderiam gerar enquanto volume de negócios, caso pudessem ser prescritos em grande escala. E para isso, é crucial que o *DSM* garanta a promoção de um "autismo genético" — que seria triado, evidentemente, com a ajuda desses testes.

Enfim, a epidemia galopante, resultante da manipulação dos números, transforma um autismo raro num problema de saúde pública, e consequentemente, aos cuidados do Estado, nos Estados Unidos primeiramente, e em seguida nas outras na-

---

29 Citemos a clomipramina.
30 Citemos o metilfenidato.
31 *Cf.* "revisões propostas" no futuro *DSM-5* (Fonte: http://www.dsm5.org/Newsroom/Documents/Autism%20Release%20FINAL%202.05.pdf).

ções democráticas que importam o *DSM*. Uma vez maquiado pelo TSA, o autismo vê sua prevalência aumentada a ponto de tornar essa ideia plausível; e uma vez que se convença a Organização Mundial de Saúde (OMS), recordes de lucro estarão assegurados — dito de outro modo, a infância se tornou refém permanente da indústria do medicamento.

3.

DSM: "*DIAGNOSIS AS A SOURCE OF MONEY*"

Há mais de trinta anos a psiquiatria é fabricada nos Estados Unidos de acordo com as necessidades da indústria farmacêutica. Mas, graças às publicações e às apreciações de jornais americanos, suas práticas são cada vez mais conhecidas.

A ausência de prova científica

É notável que o *DSM*, apesar de suas pretensões científicas, não cite nunca nenhum estudo científico que apoie suas conclusões. Do *DSM-II* à sua última versão, o *DSM-5*, centenas de novos diagnósticos foram fabricados sem que correspondessem a nenhuma descoberta. E mais... No que se refere à pesquisa, a indústria farmacêutica financia e promove os estudos que os favorecem.

Notemos, por exemplo, que o poder dos antidepressivos foi finalmente recolocado em questão por especialistas americanos da *Food and Drug Administration* — FDA, a potente agência americana que aprova os medicamentos —, depois da publicação de um estudo do *New England Journal of Medicine*[32] demostrando que, de fato, artigos de especialistas haviam exagerado a eficácia desses medicamentos baseados em uma seleção de testes destinados a aumentar seus efeitos aparentes. A Dra. Monique Debauche, por exemplo, chegou às mesmas conclusões que o Dr. Erick Turner: somente foram publicados os experimentos clínicos que mostravam efeitos positivos, um problema que ainda persiste atualmente. Com esta constatação, toda a objetividade da pesquisa biomédica é colocada em questão.[33]

Conflito de interesses

O *DSM-IV* foi contestado por diversos traba-

---

32 *Cf.* Turner E. H.; Matthews A. M.; Linardatos E. & al. Selective publication of antidepressant trials and its influence on apparent efficacy. In: *The New England Journal of Medicine*, vol. 358, 17 de janeiro de 2008, pp. 252-260 (disponível na internet).

33 *Cf.* Debauche M. Marché des médicaments psychotropes: construction historique d'une dérive, conferência-debate "Pilule d'or" da revista *Prescrire,* 17 de janeiro de 2008 (disponível na internet). *Cf.* também Petitnicolas C. Le pouvoir des antidépresseurs remis en cause", *Le Figaro,* 21 de janeiro de 2008 (disponível na internet).

lhos. Um estudo realizado em 2006 por Lisa Cosgrove da Universidade de Massachusetts, Boston, e Sheldon Krimsky,[34] professor da Universidade de Tufts, determinou que 56% dos 170 psiquiatras que trabalharam nos critérios diagnósticos do *DSM-IV* e *DSM-IV-TR* mantinham pelo menos uma relação financeira com um fabricante de medicamentos. O estudo ressaltou, igualmente, que a totalidade dos "experts" dos comitês do *DSM-IV* e *DSM-IV-TR* que supervisionavam os chamados Transtornos do humor (que incluem a depressão) e Transtornos esquizofrênicos e psicóticos tinham laços financeiros com as companhias farmacêuticas. Na época, as vendas mundiais de medicamentos para "tratar" essas alterações ultrapassavam os 34 bilhões de dólares.

L. Cosgrove nos conta que começou sua pesquisa após ter descoberto que cinco dos seis membros do comitê que se dedicava ao estudo dos "problemas pré-menstruais como transtornos psiquiátricos" tinham laços com o laboratório Eli Lilly & Co., que tentava promover o Prozac para tratar esses sintomas. Neste sentido, ela ressalta que o "processo de definição de tais sintomas (...) está longe de ser científico"; e enfatiza: "Vocês ficariam consternados

---

34 *Cf. Books*, n° 29, dossiê "Intox, Les medicaments de l'esprit", *op. cit.*; *cf.* também, entre outros: Cosgrove L.; Krimsky S.; Vijayaraghavan M. Financial ties between *DSM-IV* panel members and the pharmaceutical industry. In: *Psychotherapy and Psychosomatics*, vol. 75, n°3, 2006, pp. 154-160 (disponível no site da *Tufts University*: http://www.tufts.edu).

de ver a que ponto o processo pode ser político." Ela sublinha ainda: "Eu não penso que o público esteja consciente de que os laços financeiros tenham tamanha importância no campo da psiquiatria".[35] O artigo de L. Cosgrove mostra como o mercado do mal-estar se tornou o "eldorado da psiquiatria moderna". Nos Estados Unidos, vários jornais fazem ecoar o tema: o *Washington Post*, o *Chicago Tribune*, o *New York Times* e o *USA Today*, e na França, o *Le Monde*, *Le Point* etc. já colocaram em evidência esse aspecto da psiquiatria contemporânea.

Eis como essa situação inspirava o doutor Irwin Savodnik, professor-adjunto de psiquiatria clínica na UCLA (Universidade da California, Los Angeles): "O próprio vocabulário da psiquiatria é atualmente definido em todos os níveis pela indústria farmacêutica".[36]

---

35 Vedantam, S. Experts defining mental disorders are linked to drug firms. In: *The Washington Post*, 20 de abril de 2006, reproduzido em *PsychoMédia* como "Liens entre experts définissant les troubles mentaux et compagnies pharmaceutiques", postado no site em 20 de abril de 2006 (disponível na internet).

36 Comissão dos cidadãos pelos direitos do homem. *DSM*: la bible de facturation de la psychiatrie. Dossiê postado em 31 de março de 2012 no site da CCDH, uma emanação da igreja mencionada anteriormente. Os propósitos de I. Savodnik foram relatados por J. Graham, em "Top Mental health guide questioned". In: *Chicago Tribune*, 20 de abril de 2006 (disponível na internet).

Sintomas elaborados minuciosamente pelo marketing da saúde mental

O *DSM-5* ainda nem foi publicado como livro[37] e, no entanto, sérias acusações já o massacram. A APA começou a elaborar o *DSM-5* em 1999 e sua publicação está prevista para 2013.[38] Seu comitê de redação, que conta com 27 membros, é dirigido por David Kupfer,[39] professor da Universidade de Pittsburgh, assistido por Darrel Regier.[40] Existem ainda 140 membros em diferentes grupos de trabalho associados.[41]

---

37 N. E. (edição brasileira): o *DSM-5* foi publicado em maio de 2013 durante o Encontro Anual da APA em São Francisco, California.

38 O *DSM-5* é a primeira edição que estabelece regras visando limitar os conflitos de interesses financeiros dos membros do comitê de redação ou dos grupos de trabalho. No site da APA, 56% dos participantes desses grupos de trabalho revelam ter interesses significativos no setor (Fonte: Angell, M., "À qui profitent les psychotropes?", *op. cit.*, p. 34).

39 D. Kupfer foi membro do grupo de trabalho do *DSM--IV* e é presidente do grupo de trabalho do *DSM-5*. Segundo a CCDH, Kupfer "foi consultor da Eli Lilly, Johnson & Johnson, Solvay/ Wyeth e Servier e pertenceu igualmente ao conselho consultivo da Forest Labs e da Pfizer. Em 2008, D. Kupfer também revelou que tinha atuado como consultor da Forest Pharmaceuticals, Pfizer, Inc., Hoffman La Roche, Novartis e Lundbeck, informações comunicadas pela Comissão de Cidadãos pelos Direitos Humanos no artigo "Psychiatres à vendre: l'Alliance corrompue de l'industrie psychiatrique--pharmaceutique", postado no site em 31 de março de 2010.

40 D. Regier "tem autoridade sobre todas as bolsas de pesquisas patrocinadas por indústrias associadas à APA" (Fonte: Angell, M. "À qui profitent les psychotropes?", *op. cit.*, p. 34).

41 Idem, p. 29.

Ora, um outro estudo[42] conduzido por L. Cosgrove, juntamente com o Dr. Harold Bursztjanin, da Harvard Medical School, mostrou que, apesar da política de divulgação dos conflitos de interesse da APA para o *DSM-5*, apenas "8 dos 27 membros do Comité de redação não mantinham relações com a indústria".[43] L. Cosgrove declarou assim que "o fato de que 70% dos membros do grupo de trabalho relatarem ter ligações diretas com a indústria, ou seja, um aumento de 14% em relação à porcentagem do grupo de trabalho do *DSM-IV* com tais ligações, mostra que somente as políticas de divulgação (...) não são suficientes, e que mais medidas de segurança específicas são necessárias". Ela afirma, além disso, que "as companhias farmacêuticas têm um interesse direto na estrutura e no conteúdo do *DSM* e na maneira pela qual a sintomatologia é revisada".

As deliberações e proposições em andamento

---

42 *Cf.* Cosgrove L.; Bursztajn H. J.; Kupfer D. J. et al. Toward credible conflict of interest policies in clinical psychiatry. In: *Psychiatric Times*, vol. 26, n° 1, janeiro de 2009 (disponível na internet); *cf.* também, entre outros: revista *Books*, n° 4, dossiê "Le scandale de l'industrie pharmaceutique", abril de 2009, pp. 14-23 (disponível na internet); n° 29, dossier "Intox, Les médicaments de l'esprit", *op. cit.*; Le *DSM-5* en préparation regorge de conflits d'intérêts des experts psychiatres, in: *Pharmacritique*; Et l'APA fait de la com' pour noyer le poisson, postado no site em 13 de maio de 2008.
43 *Cf.* Comissão de Cidadãos pelos Direitos Humanos, Psychiatres à vendre: l'Alliance corrompue de l'industrie psychiatrique-pharmaceutique. *Op. cit.*

foram reveladas no site da APA[44] e em alguns meios de comunicação. Sabe-se, então, que a constelação dos transtornos mentais ainda será ampliada. Os limites do diagnóstico serão expandidos até incluírem signos que antecipem certos transtornos — tal qual a "Síndrome de risco de psicose", que suscitou tantas contestações entre os clínicos que acabou rebatizada como "Síndrome de psicose atenuada" antes de ser relegada a um anexo, no final de 2012, entre os transtornos cuja "confiabilidade" deverá ser comprovada por "pesquisas mais amplas". Quanto ao termo "espectro", é utilizado para aumentar uma categoria, como no caso do "Transtorno autístico", tornado "Transtorno do espectro autístico".

Allen Frances, que presidiu o comitê de redação do *DSM-IV*, é bastante crítico com relação ao *DSM-5*,[45] ao declarar que será "uma excelente oportunidade para a indústria farmacêutica, porém, a um custo bastante elevado para os novos pacientes 'falsos-positivos' que se encontrarão capturados na rede extremamente ampla do *DSM-5*". Isso não impede que Kupfer e Regier, que dirigem a redação do *DSM-5*, continuem a espalhar o rumor segundo o qual, em medicina geral, praticamente um a cada dois pacientes apresenta transtornos psíquicos que,

---

44 *Cf.* site da APA consagrado ao *DSM-5* (http://www.dsm5.org).
45 *Cf.* Frances, A. A warning sign on the road to *DSM-5*: beware of its unintended consequences. In: *Psychiatric Times*, vol. 26, n° 8, 26 de junho de 2009 (disponível na internet).

se não forem tratados, podem causar consequências graves.

As revisões incessantes do DSM

Essas revisões apresentam múltiplas vanta-
-gens:[46] em primeiro lugar, permitem desviar as críticas visando diagnósticos pouco confiáveis; em seguida, essa técnica permite assegurar o controle da propaganda mercadológica vendida como "informação". Além disso, a duração relativamente limitada dedicada aos "estudos dos medicamentos" permite camuflar os controles. Enfim, a modificação dos nomes dos sintomas permite, ao mesmo tempo, renovar as indicações de moléculas que deveriam curá-los. Isso, tão rapidamente quanto exige o mercado para que se evite a concorrência dos genéricos, ou para que se coloque em circulação uma nova *"me too"* — molécula vizinha a uma outra caída em domínio público e que a substitui com o fim de prolongar sua rentabilidade.

O *DSM-5* privilegia os *pushers* que orquestram o marketing da saúde mental. Adiada para maio de 2013, a edição da *DSM-5* deve oficialmente se associar à décima primeira edição da Classificação Internacional de Doenças da OMS (CID-

---

46 As revisões já previstas para o *DSM-5* constituem, aliás, um dos grandes argumentos em favor da adoção de algarismos arábicos no lugar dos romanos no título da edição que está por vir (*cf.* FAQ no site do *DSM-5*).

11). Na realidade, o que faz o *DSM* é antes aplicar o marketing à saúde mental.

Para se ver livre da psicanálise, o *DSM* tinha fabricado e promovido a quimera do sintoma "biopsicossocial", termo que tive a oportunidade de analisar em publicação recente.[47] Em apenas alguns anos, o *DSM* enrijeceu seu reducionismo orgânico e tende, desde então, a substituir o sintoma biopsicossocial pelo totalmente biológico. É o que constata L. Cosgrove quando lamenta a tendência do *DSM* a "ignorar os fatores sociais, psicológicos e culturais em sua persistência por explicações biológicas em seus tratamentos".[48] É também o que afirma Steven Sharfstein, antigo presidente da APA, quando alega que "nós [subentendido: os psiquiatras] permitimos que o modelo biopsicossocial se torne o modelo bio-bio-bio"; ou ainda, quando lamenta: "Se somos vistos como simples '*pushers*' de medicamentos e empregados da indústria farmacêutica, a credibilidade de nossa profissão está comprometida".[49]

Rentabilização do gene inencontrável

De fato, o sintoma psiquiátrico se tornou completamente *bio*, ao passo que a causa genética

---

47 *Cf.* Aflalo, A. *O assassinato frustrado da psicanálise. Op. cit.*
48 Vedantam, S. Liens entre experts définissant les troubles mentaux et compagnies pharmaceutiques. *Op. cit.*
49 Idem.

das doenças psi é clamada em toda parte alto e bom som. O problema com as teorias químicas ou genéticas das doenças mentais é que, depois de mais de meio século de pesquisas, as provas evidentes desse *panbiologismo* estão sempre por vir. Não ficaremos surpresos, então, de aprender que o gene do autismo é inencontrável para cientistas de renome. De fato, Bertrand Jordan — biólogo molecular, diretor de pesquisas no CNRS — e Jörg Hager — ex--diretor científico do IntegraGen[50] e atual diretor do departamento de genética humana no Centro Nacional de Genótipo (CNG) — tiveram a ocasião de se encontrar. Em uma de suas entrevistas, Hager afirma que, do ponto de vista genético, "o autismo não existe [*There is no such thing as autism*]".[51]

É importante, sem dúvida, esclarecer que a IntegraGen, que se apresenta como líder da genômica clínica,[52] é uma empresa francesa cotada na bolsa, especializada na pesquisa de causas genéticas de certas doenças, entre elas o autismo, e portanto interessada na comercialização de testes genéticos.

À espera das provas, sempre prometidas para amanhã, as definições dos "Transtornos psiquiátricos" do *DSM* continuam impondo a ideia do uso medicamentoso como tratamento exclusivo, e pro-

---

50 Cargo ocupado até 2009, quando se tornou membro do Conselho Científico.
51 Jordan, B. *Autisme, le gene introubable. De la science au business*. Paris : Seuil, 2012, p. 164 notadamente.
52 Fonte: http://www.integragen.fr.

vocando o aumento das prescrições. Assim, para se assegurar de seu sucesso, a *Big Pharma* constrói laços estreitos com os experts da APA que redigem o *DSM*.

Inquietações frente às novas epidemias

Os experts britânicos em saúde mental alertaram contra o *DSM-5* durante uma coletiva de imprensa ocorrida em fevereiro de 2012, por ocasião da publicação de um número especial do *Journal of Mental Health,* considerando que "com o acréscimo de vários diagnósticos e com as mudanças do novo *DSM*, a quase todo mundo poderia (...) ser atribuída uma etiqueta de transtorno mental".[53]

A este respeito, Til Wykes e Felicity Callard, do King's College of London, e seu colega Nick Craddock, da Universidade de Cardiff, sublinham que alguns, na comunidade psiquiátrica, se inquietam com a extensão dos diagnósticos, e afirmam que o "acréscimo de tantos novos transtornos (...) pode conduzir à convicção de que muitos de nós têm "necessidade" de medicamentos para tratar suas 'condições', e muitos desses medicamentos terão efeitos colaterais desagradáveis ou perigosos". A propósito da "Síndrome de risco de psicose", ressal-

---

[53] Nouveaux diagnostics psychiatriques du *DSM-5*: restera-t-il des gens normaux? – s'inquiètent des experts. *Psycho-Média*, postado no site em 29 de julho de 2010, com fontes: BBC, Reuteurs.

tam que "rotular sem razão jovens que podem ter um risco mínimo de desenvolver uma doença [é] como dizer a 10 pessoas que estão com uma gripe comum que elas correm o 'risco de desenvolver a síndrome de pneumonia', enquanto apenas uma é suscetível de desenvolver a doença".[54]

F. Callard se inquieta particularmente com os jovens: "Imaginem dizer a uma pessoa jovem que ela tem risco de desenvolver uma doença mental..." Quanto a T. Wykes, dá uma ideia das consequências desastrosas desse tipo de demarcação para os pacientes, suas famílias e para o Estado: "Se os comportamentos normais são cada vez mais categorizados como doença mental, isso cria um fardo para os indivíduos, suas famílias e para sociedade como um todo".[55]

Notemos, enfim, que o mesmo artigo deplora o seguinte: "Os cientistas deram o exemplo da revisão precedente [*DSM-IV*], que incluiu diagnósticos e categorias mais amplas para os 'Transtornos de déficit de atenção com hiperatividade' (TDAH), o autismo e o 'Transtorno bipolar' em crianças. Isso, dizem eles, contribuiu para três falsas epidemias dessas condições, particularmente nos Estados Unidos. Milhões de pessoas no mundo, muitas delas crianças, tomam medicação para TDAH — a Ritalina da Novaris (metilfenidato) e outros medicamentos similares, como o Adderall e o Venvanse, do

54 Idem.
55 Ibid.

Laboratório Shire. Somente nos Estados Unidos, as vendas desses medicamentos foram de aproximadamente 4,8 bilhões de dólares em 2008".[56]

---

56 Ibid.

4.

BIG *PHARMA* DESVIA OS KOL PARA A UNIVERSIDADE

Key Opinion Leaders: a universidade no banco dos réus

Os médicos universitários, chamados de *Key Opinion Leaders* (KOL), ou "formadores-chave de opinião" são a chave do sistema: assegurando o ensino nas universidades e publicando artigos em revistas "científicas", propagam seus novos diagnósticos e tratamentos favoráveis ao marketing dos laboratórios, no país e além de suas fronteiras. Esses mesmos líderes publicam o essencial das pesquisas sobre medicamentos e decidem em grande parte o conteúdo do *DSM*: "Dos 170 colaboradores da versão atual do *DSM,* quase todos podem ser descritos como KOL".[57]

---

57 *Cf.* Angell, M. À qui profitent les psychotropes?. *Op. cit.,* p. 29.

Os laboratórios não se contentam com pouca coisa, como amostras grátis ou convites para restaurantes; também propõem aos KOL cargos de consultores e de porta-vozes, financiam participações em congressos e fornecem "o material pedagógico". Quando as *sunshine laws*[58] pressionaram os laboratórios a informar a quantia paga aos médicos, percebeu-se que os psiquiatras eram os que mais recebiam; um quinto da renda da APA, provedora dos KOL, provém da *Big Pharma*.[59]

Os KOL são a melhor força de venda de que a indústria dispõe. São milhares de psiquiatras, grandes receitadores que ocupam cargos-chave nas universidades. A indústria não tem o direito de testar diretamente seus medicamentos nos pacientes; mas os médicos, sim. Graças a suas funções hospitalares, os KOL podem, então, inscrever pacientes em protocolos de teste. Até o momento, nenhuma lei veio frear esses tratamentos que são impostos aos pacientes, mesmo quando se trata de recém-nascidos imobilizados por ataduras durante todo o tempo da experiência.[60]

As funções universitárias dos KOL lhes permitem publicar em revistas e estabelecerem "relató-

---

58 Leis relativas à transparência dos documentos administrativos.
59 *Cf.* Angell, M. *Op. cit.*, p. 29.
60 *Cf.* em particular Ghislaine Dehaene e o "laboratório-bebê" que ela dirige no INSERM (ver principalmente a página "Aspectos práticos e éticos..." no endereço: http://www.uni-cog.org/bblab).

rios de expertise". É assim que se fabrica a literatura "científica", que depois serve de referência a todos os profissionais, seja nos Estados Unidos ou no resto do mundo. As atividades de consultoria, participação nas conferências e nos programas de formação médica contínua lhes permitem igualmente convencer a todos da consistência de seus pontos de vista.

A formação médica contínua (FMC) é, de fato, um dos pilares da estratégia de marketing: a ação do laboratório pode ser direta quando ele mesmo organiza por completo uma formação. Também pode ser indireta, se dando sob a forma de doações ditas "incondicionais" a outros institutos de formação. Os laboratórios utilizam a FMC como ferramenta de promoção, sobretudo para as indicações que não necessitam de autorizações para serem introduzidas no mercado,[61] prática que permite aumentar as prescrições em termos de quantidade, duração e número de indicações.

Ghostwriting: os redatores fantasmas

Por um lado, os KOL são confrontados com a dura lei do meio: "Publicar ou perecer" [*Publish or perish*]. As publicações nas revistas científicas são condição *sine qua non* para obtenção dos financiamentos necessários ao avanço das pesquisas. Quan-

---

61 Em francês: *autorisations de mises sur le marché* (AMM).

to mais numerosas forem as publicações, maior o renome do autor; logo, mais assegurado estará o futuro de suas pesquisas. Por outro, a indústria farmacêutica tem uma necessidade vital "de estudos científicos" favoráveis às prescrições visadas por seu marketing, e esta é a razão pela qual um artigo assinado por um KOL confere aos produtos à venda uma mais-valia imediata. Assim, o laboratório — através de financiamentos — demanda a um autor qualquer um estudo favorável a seus produtos, texto que ele não assinará, do qual será apenas o *ghostwriter*, escritor-fantasma.[62] Um KOL assinará posteriormente o artigo que não escreveu — trata-se do *guest authorship*. A partir daí, a literatura científica fica tão infestada por esse tipo de prática que o conjunto das publicações se torna suspeito.

Não são as enquetes que desmentirão essas informações. De fato, em 2008, o *New York Times* dedicou a esse tema vários artigos:[63] em março de 2009, relatava "como um professor de Harvard concebia estudos '*a la carte*' sobre crianças para fornecer resultados positivos ao laboratório que produzia o medicamento testado!"[64] E sabemos que al-

62 Na literatura, em francês, o autor que não assina é conhecido como "nègre".

63 *Cf.* entre outros: Carey, B.; Harris, G. Psychiatric group faces scrutiny over drug industry ties. In: *The New York Times*, 12 de julho de 2008 (disponível na internet).

64 Winckler, M. Liaison fatale: l'industrie pharmaceutique et les médicins, de 22 de maio de 2009 (disponível na internet); Harris, G. Drug Makers Told Studies Would Aid It, Papers

guns laboratórios chegam mesmo ao ponto de criar, com todas as peças, falsas revistas científicas, a fim de nelas publicar textos destinados a influenciar a prescrição. Tais práticas são motivos de preocupação, principalmente quando se sabe que os KOL participam igualmente dos comitês de experts das agências públicas, que estão na base dos guias de práticas e padrões adotados em seguida por todos os especialistas. Dito de outro modo, a ganância pelas publicações sela a união macabra de dois discursos corrompidos que exigem, por seu lado, reger nossas vidas: a avaliação universitária e o capitalismo cientificista que empurram à adição sob prescrição. A questão que se coloca é saber se esses KOL são apenas líderes, ou se também são *dealers* [traficantes].[65]

Infelizmente, esse tipo de prática não é uma especialidade estrangeira. De fato, em uma entrevista de 2009, o professor Philippe Even,[66] antigo reitor da Faculdade de Medicina, reitor do Hospital

Say. In: *The New York Times*, 19 de março de 2009; e Drug Makers Are Advocacy Group's Biggest Donors. In: *The New York Times*, 21 de outubro de 2009 (disponível na internet).

65 N. T.: Na tradução em português se perde a assonância presente em francês entre: "de leaders ou de dealers".

66 Ph. Even dirige o Instituto Necker e é o autor, juntamente com o professor Bernard Debré, de *Savoir et pouvoir, Pour une nouvelle politique de la recherche et du médicament*, Paris, Cherche-midi, 2004. Ele traduziu o livro de M. Angell, *The Truth about the Drug Companies. How They Device Us and What to Do about It* [2004]: *La vérité sur les compagnies pharmaceutiques. Comment eles nous trompent et comment les contrecarrer*. Montebello (Québec): Éd. Le mieux-être, 2005.

Necker em Paris e professor emérito na Universidade de Paris V, declarou que os médicos especialistas franceses estão também sujeitos aos mesmos conflitos de interesse que os experts americanos: "São os médicos acadêmicos que garantem a promoção dos medicamentos, [e] isso acontece do mesmo modo como acontece nos Estados Unidos".[67] De fato, ele acrescenta ainda que entre os 1200 especialistas associados às comissões de medicamento na França, mais da metade declara ter ligações com a indústria farmacêutica: "Mais de 20% declara não ter ligação, mas isso não é verificado". Enfim, "mais de 10% dos experts (...) não fazem a declaração", ainda que ela seja obrigatória. As "comissões de experts, como nos Estados Unidos, têm poder de decisão em assuntos de seu interesse".[68]

"Com uma ou outra exceção, todos os jornais médicos são financiados diretamente ou indiretamente pela indústria.[69] Assim, um primeiro artigo é publicado em um jornal, depois ele é republicado em publicações diferentes até dez ou quinze vezes, modificando o título e a ordem dos parágrafos. Os artigos se citam um ao outro. Há também os 'suplementos' aos jornais pagos pela indústria (...). Neste

---

67 Even, Ph. En France, cela se passe comme aux Etats-Unis. Entrevista por Olivier Postel-Vinay, *Books*, n° 4, dossiê "Le scandale de l'industrie pharmaceutique". *Op. cit.*, p. 20.
68 Idem.
69 Na França, parece que apenas a *Prescrire* é reconhecida como uma revista realmente independente.

caso, os artigos não são nem mesmo controlados por outros experts. Eles são 'distribuídos' pelos representantes de laboratórios aos médicos especialistas e generalistas, com frequência várias vezes ao mesmo profissional. A indústria financia igualmente as sociedades científicas (locais, reuniões)".[70]

Ph. Even critica também a formação dos médicos: "Os estudos médicos não formam nem o espírito científico, nem o espírito crítico. (...) A formação terapêutica em si ocupa três meses dos seis anos de estudo. [Não se aprende nada] sobre a história [das] moléculas, sobre a maneira pela qual elas chegam ao mercado. Nada sobre a armadilha da informação médica. Nenhuma formação voltada à leitura crítica dos artigos científicos. Logo, entendemos bem o processo: a pressão da indústria sob os médicos acadêmicos, o impacto que eles provocam nos praticantes, a demanda dos doentes (...) frequentemente estimulados por tal ou tal rede de informações, rede esta que também é financiada pela indústria... Quanto à formação permanente, ela é inteiramente paga pela indústria. O ciclo se fecha".

Agindo na sombra: a prática do *shadowing*

Para ser justa, convém mencionar também o

---

70 Even, Ph. En France, cela se passe comme aux Etats-Unis. *Op. cit.*, pp. 20-22.

papel dos médicos de família nessa estratégia infernal. Para os representantes de laboratórios, o *shadowing*[71] consiste em obter do médico de família a licença para estar presente ao seu lado durante a consulta ao paciente. A prática do *shadowing* foi iniciada em 2002, em consequência dos processos judiciais contra a Parke-Davis/ Pfizer por marketing ilegal do Neurontin, fato que foi manchete na imprensa americana.[72]

Os médicos que aceitavam a presença dos representantes de laboratórios podiam receber até 500 euros de compensação por dia. Os pacientes ignoravam quem eram, e alguns desses representantes conseguiam assim influenciar as prescrições medicamentosas. No entanto, a violação do segredo médico não parava por aí, já que em seguida os trustes farmacêuticos utilizavam os dados médicos pessoais que lhes haviam sido transmitidos. Os pacientes se tornavam assim alvos novos, e recebiam propagandas. A partir daí, pressionavam seus médicos para obter novas prescrições.

Hélène Gaillard de Semainville dedicou a esse assunto sua tese de doutorado em medicina: "Em 2008 foi iniciada uma nova ação judicial que conduzirá a uma condenação em janeiro de 2011.

71 Kassirer, J. *On the Take* [2005]. Trad. *La main dans le sac.* Montebello: Ed. Le Mieux-être, 2007.
72 *Cf.* Gaillard de Semainville, H. Procès américain du Neurontin: les dérives de l'industrie pharmaceutique. Tese de doutorado em medicina, Universidade Claude Bernard-Lyon I, janeiro de 2012 (disponível na internet).

Para além de um ressarcimento de 142 milhões de dólares, teremos, sobretudo, novos documentos que se tornarão públicos. A apresentação destes documentos coloca bem em evidência a estratégia empreendida, em particular manipulando as informações e realizando falsos estudos, sem outro objetivo a não ser favorecer o hábito da prescrição, o *ghostwriting*... Enfim, aprendemos que a formação médica contínua foi um dos elementos-motores dessa estratégia".[73]

Neste marketing agressivo, nada é deixado ao acaso.

Uma gestão-fantasma: *the ghost management*

A rede de influência sobre os profissionais de saúde é tão extensa e tão opaca que se começou a falar em *ghost management* — uma gestão-fantasma[74] que estende seus tentáculos sobre tudo o que concerne aos medicamentos, à formação médica e à informação, incluindo as expertises enviesadas por conflitos de interesse entre os experts e as institui-

---

73 "Procès américain du Neurontin: les dérives de l'industrie pharmaceutique (tese de Hélène Gaillard de Semainville, janeiro de 2012)", postada no blog *Voix médicales* em 21 de fevereiro de 2012.
74 *Cf.* Sismondo, S. Ghost management: how much of the medical literature is shaped behind the scenes by the pharmaceutical industry?. In: *PLOS Medicine*, vol. 4, nº 9, 25 de setembro de 2007, pp. 1429-1433 (disponível na internet).

ções.

As informações compartilhadas pelo professor Ph. Even são corroboradas por numerosos artigos. Citemos um deles, postado no site da *Fondation Sciences citoyennes* por Elena Pasca, que explicita alguns números.[75] Na França, os gastos publicitários dos laboratórios se elevavam em 2004 a 2,8 bilhões de euros — números "subestimados", segundo um relatório da inspeção geral das questões sociais. A informação aos profissionais custou aproximadamente 25 mil euros por ano e por médico;[76] segundo um relatório do Senado, 98% da formação médica contínua são financiados pela indústria; 95% dos médicos liberais recebem constantemente representantes de laboratórios.[77] Os mesmos experts ligados à indústria estão envolvidos em todas

---

75 *Cf.* Fondation Sciences citoyennes (contato: E. Pasca), "Communiqué – Transparence sur les conflits d'intérêts des médecins : suivons l'exemple d'Obama avec les Physician Payment Sunshine Provisions", postado no site em 20 de julho de 2010.

76 *Cf.* Bras, P.-L.; Ricordeau, P.; Rousille, B. et al. L'information des médecins généralistes sur le médicament. Relatório (nº 2007-136 p) da Inspection générale des affaires sociales [IGAS], setembro 2007, p. 8 (disponível no endereço: http://www.ladocumentationfrancaise.fr).

77 *Cf.* Hermange, M.-T. ; Payet, A.-M. Les conditions de mise sur le marché et de suivi des médicaments. Médicaments: restaurer la confiance. Relatório de informação do Senado (nº 382, 2005-2006, feito em nome da comissão de assuntos sociais sobre as condições de marketing e monitoramento dos medicamentos, depositado em 8 de junho de 2006 (disponível no endereço: http://www.senat.fr).

as articulações estratégicas (mídias, grande público, hospitais, imprensa especializada, agencias de regulação, formação médica inicial e contínua, sociedades científicas, comitês científicos das associações de pacientes etc.)

Um lobby, para ditar suas próprias regras

Quanto aos jornais e à televisão, por um lado, muitos dependem da indústria farmacêutica e, por outro, "o essencial é, como para os médicos, um grau incrível de ingenuidade. [Eles] não podem imaginar que os laboratórios farmacêuticos, que se ocupam da saúde humana, possam ser exclusivamente motivados (...) pelo retorno do investimento [e que eles] utilizam meios tão grosseiros",[78] é o que afirma o professor Ph. Even.

As ofensivas de marketing não se limitam aos financiamentos diretos da profissão, mas incluem também financiamentos indiretos e ajudas massivas a vários grupos de defesa dos direitos dos pacientes, bem como organismos de informação e de formação. R. Whitaker relata que, em 2009, "a Eli Lilly deu 551 mil euros à NAMI (*National Alliance on Mental Illness*), principal organização americana de apoio aos doentes mentais, 465 mil euros à uma associação para os pacientes com TDAH e

---

78 Idem.

69.250 euros à fundação americana para prevenção do suicídio".[79] Trata-se, nesse caso, de um único laboratório, e esses números abrangem as doações efetuadas durante um período de apenas três meses. Essas associações têm por finalidade sensibilizar a opinião pública para os "transtornos psi", mas suas ações têm por efeito promover a utilização de psicotrópicos e incitar as seguradoras a reembolsá-los.

Desde a publicação do *DSM-III*, e graças à *Big Pharma*, sublinha R. Whitaker, nos anos 1980 surgiu um quarteto influente, com o objetivo de informar ao público que as doenças mentais são doenças do cérebro. "Para isso, as companhias farmacêuticas forneciam os meios financeiros. A APA[80] e os psiquiatras das grandes faculdades de medicina conferiram à empresa uma legitimidade intelectual.[81] O NIMH (*National Institute of Men-*

---

79 Números citados por M. Angell: À qui profitent les psychotropes?. *Op. Cit.*, pp. 32-33; *cf.* Whitaker, R. *Anatomy of an Epidemic. Magic Bullets, Psychiatric Drugs, and the Astonishing Rise of Mental Illness in America.* New York: Crown, 2010.

80 Vários sites relatam que a APA, incriminada pela comissão de finanças do senado dos Estados Unidos, teria decidido em março de 2009 suprimir um financiamento problemático dos seminários de formação médica continuada e de refeições durante as convenções. Porém, pouco depois, teria aceitado quase 2 milhões de dólares da *Big Pharma* para sua convenção anual em São Francisco.

81 Um certo número de universitários comprometidos são mencionados em diversos sites. Citemos alguns membros da APA: D. Kupfer; Dilip V. Jeste, membro do grupo de trabalho do *DSM-5*, que recebe subvenções do NIMH e é consultor de vários laboratórios; Steven Sharfstein, antigo presidente da

tal Health) lhe dava o carimbo oficial,[82] e a NAMI a autoridade moral".[83]

Whitaker, sem dúvida, não é indiferente ao fato de que a "comissão de finanças do senado solicitou a situação financeira da NAMI, [que foi há muito tempo acusada] de ser um braço de marketing secreto da indústria farmacêutica. A Aliança pela Saúde Mental (...) recusou-se durante vários anos a divulgar os detalhes de suas captações de recursos. (...) Mas, segundo os investigadores do gabinete do senador Charles Grassley e os documentos divulgados pelo *New York Times*, de 2006 a 2008 os fabricantes de medicamentos deram por volta de 23 milhões de dólares à NAMI, ou seja, três quartos das doações obtidas".[84] A NAMI pretende ser uma organização para a defesa dos portadores de uma "doença mental", mas suas ações a

---

APA, que atuou no Conselho de Administração da American Psychiatric Foundation (APF), uma organização formada pela APA e ligada a aproximadamente vinte laboratórios.
82 Frederick Goodwin, antigo diretor da NIMH, foi pago entre 2000 e 2007 para proferir palestras aos médicos. Ao mesmo tempo, é suspeito de ter também sido pago pela *Big Pharma* para dar essas mesmas palestras e para animar um programa de rádio durante 10 anos.
83 Comentários relatados por M. Angell, em "À qui profitent les psychotropes?", *op. cit.,* p. 33.
84 Dossiê da Comissão dos cidadãos em favor dos direitos humanos. Psychiatres à vendre: l'Alliance corrompue de l'industrie psychiatrique-pharmaceutique", *op. cit. Cf.* também Harris, G., "Drug makers are advocacy group's biggest donors", *op. cit.*

desmentem. Como compreender que ela tenha se oposto por diversas vezes aos avisos colocados em uma "caixa de advertência" ("*Black Box Warning*" é um alerta da FDA para efeitos colaterais mais graves)? Foi este o caso, em 2004, de uma advertência quanto aos antidepressivos como causa de suicídio em pessoas com menos de 18 anos, e, em 2006, dos avisos concernentes a medicamentos prescritos para as pessoas com TDAH — podendo estar na origem de crises cardíacas, de acidentes vasculares cerebrais e de morte súbita em crianças.

A essas quatro instituições convém acrescentar mais uma, a *International Conference on Harmonisation* (ICH), um clube composto por seis membros: as agências de medicamento americanas, europeias e japonesas e os sindicatos da indústria farmacêutica destas três regiões do mundo. Convidada a participar como observadora, a OMS não tem sobre eles poder algum. Esse clube "elabora as regras de avaliação dos medicamentos submetidos à AMM e determina aquilo que deve ser o conteúdo mínimo de seus dossiês de avaliação. A indústria farmacêutica se encontra, assim, diretamente implicada na elaboração das regras às quais ela deve responder. Melhor, garantindo o secretariado deste organismo, ela realmente desempenha um papel preponderante".[85] Isso torna mais fácil o trabalho

85 Mignot, G. Préface. In: Healy, D. Les Médicaments psychiatriques démystifiés, *op. cit.*, nota 1. G. Mignot é farmacologista e psiquiatra, trabalha no hospital do CHU de Nice e é responsável

dos lobistas da *Big Pharma* para defender seus interesses frente aos poderes públicos, especialmente através da chantagem profissional.

pela rúbrica "Rayon des nouveautés" da revista *Prescrire.*

5.

COMO FABRICAR AS DOENÇAS MENTAIS

Criando mercados de novas doenças

A indústria farmacêutica fabrica doenças há mais de quarenta anos. Trata-se do fenômeno conhecido como *disease mongering* [disseminando doenças], identificado por Lynn Payer em 1992. Ray Moynihan, Iona Heath e David Henry o tornaram conhecido através da publicação de um artigo no *British Medical* Journal;[86] em 2005, R. Moynihan e

---

86 L. Payer identifica este fenômeno em 1992 no seu livro *Disease-Mongers. How Doctors, Drug Companies and Insurers Are Making You Feel Sick*, New York, John Wiley & Sons, 1992; *cf.* também Pasca, E. "Disease mongering": façonner des maladies pour chaque médicament, médicaliser émotions, mal-être et bien-portants (Ray Moynihan, Alan Cassels), postado no blog *Pharmacritique* em 23 de maio de 2008; e Moynihan, R.; Heath, I.; Henry, D. Selling sickness: the pharmaceutical industry and disease mongering. In: *British Medical Journal*, vol. 324, nº 7342, 13 de abril de 2002, pp. 886-891 (disponível no site do National Center for Biotechnology Information (NCBI): http://www..nlm.nih.gov).

Alan Cassels analisam o fenômeno no livro *Selling sickness*;[87] e em maio de 2006, *Le Monde Diplomatique* abriu suas colunas para os autores.[88]

A ideia segundo a qual as multinacionais do setor ajudam a criar novas doenças parecerá, de fato, estranha a muitas pessoas;[89] no entanto, ela é comum no meio industrial. Um relatório da *Business Insights* destinado a seus dirigentes testemunha assim que a capacidade de "criar mercados de novas doenças" se traduz em vendas que totalizam milhares de dólares; e umas das estratégias mais eficazes consiste em modificar a maneira pela qual as pessoas avaliam suas afecções sem gravidade, convencendo-as de que "problemas antes aceitos no máximo como um incômodo" passam a ser "dignos de uma intervenção médica". Festejando o sucesso do desenvolvimento de mercados rentáveis relacionados a novos problemas de saúde, o relatório demonstra forte otimismo quanto ao futuro financeiro da in-

---

87 *Cf.* Moynihan, R., Cassels, A. *Selling sickness. How the World's Biggest Pharmaceutical Companies Are Turning Us All into Patients* [Vendendo doenças. Como as maiores empresas farmacêuticas nos transformam todos em pacientes]. New York: Nations Books, 2005. R. Moynihan é jornalista, especialista em saúde (*British Medical Journal, The Lancet, The New England Journal of Medicine);* A. Cassels é pesquisador em política de medicamentos (Universidade de Victoria, Canadá).
88 *Cf.* Cassels, A.; Moynihan, R. Pour vendre des médicaments, inventons des maladies. In: *Le Monde Diplomatique,* maio de 2006, pp. 34-35 (disponível na internet).
89 Idem.

dústria farmacêutica: "Os anos que estão por vir serão testemunhas privilegiadas da criação de doenças patrocinadas pela indústria".[90]

Vender medicamentos aos que têm saúde

A "psiquiatrização" forçada de nossa vida cotidiana não ocorre por mero acaso: trata-se de uma conquista do fantasma de um bilionário americano que sonhava em vender medicamentos para todo mundo. De fato, no final dos anos 1970, Henry Gadsden, presidente da Merck, confidenciava a um jornalista da *Fortune* sua frustração por ter que se limitar a vender medicamentos aos doentes, e também seu sonho antigo de produzir medicamentos destinados aos que têm saúde, já que, assim, a Merck poderia "vender para todos".[91] Para atingir esse objetivo em apenas algumas décadas, bastariam campanhas publicitárias contundentes que transformariam em ansiosos patológicos os que têm saúde, preocupados com seu estado. Inquietações banais da vida cotidiana foram então progressivamente transformadas em afecções graves — o pudor, por exemplo, tornou-se "inibição patológica", e a timidez um "transtorno de ansiedade social". O afeto do luto, experimentado legitimamente no

90 Ibid.
91 Ibid.

momento da perda de um ente querido, ainda será transformado pelo *DSM-5* numa patologia a ser tratada.[92]

Para fabricar novas doenças psiquiátricas, os experts medicalizaram as emoções e signos benignos foram transformados em sintomas inquietantes. Isso nada mais é do que transformar a simples possibilidade de desenvolver uma patologia em uma patologia em si, e para conseguir essa façanha é necessário que se fabrique catálogos *ad hoc*.

A arte de catalogar um estado de saúde

Em um artigo surpreendente, "*The art of branding a condition*" [A arte de rotular uma condição de saúde], Vince Parry,[93] expert em publicidade de medicamentos, explica como se dedicou a criar novas doenças em parceria com as industrias farmacêuticas. Ele observou os truques utilizados por essas empresas para "favorecer a criação" de transtornos médicos e os resumiu em três pontos: 1) um estado de saúde pouco conhecido desfruta de uma atenção renovada; 2) uma doença conhecida

---

92 Sob pressão dos protestos, em maio de 2012 o *DSM-5* pareceu querer amenizar sua posição, já que o site indica que a distinção entre o luto "normal" e o transtorno depressivo será mencionada em "nota de rodapé" (http://www.dsm5.org).
93 *Cf.* Parry, V. The art of branding a condition. In: *Medical Marketing and Media,* vol. 38, nº 5, maio de 2003, pp. 43-49 (disponível na internet); e Cassels, A. ; Moynihan, R. Pour vendre des médicaments, inventons des maladies. *Op. cit.*

há muito tempo é nomeada de outra maneira; 3) uma nova disfunção pode ser criada *ex nihilo*. Com rara franqueza, V. Parry analisa a forma como as companhias farmacêuticas não somente catalogam e definem seus produtos de sucesso, mas catalogam e definem também as condições para criar um mercado para tais ou tais medicamentos — como a "pílula da felicidade" ou a "pílula da virilidade".

Jörg Blech,[94] jornalista de ciências alemão da revista *Spiegel*, também confirma essas práticas e mostra como, em vez de encontrar um tratamento para uma doença, a indústria encontra uma doença para cada molécula descoberta. Ele ilustra suas observações com exemplos oriundos da psiquiatria, como o Transtorno de déficit de atenção com hiperatividade (TDAH) ou a fobia social.

Inventar a norma estatística

Para aumentar sua rentabilidade, a indústria farmacêutica teve também a ideia de ampliar a definição de varias doenças fabricando novas normas — quanto mais vagas e abrangentes, melhor. O Dr. Bruno Toussaint, diretor editorial da revista *Prescrire*, demonstrou procedimentos semelhantes relativos à hipertensão arterial e seus tratamentos.

O Dr. David Healy, historiador de psicofarmacologia e professor na Universidade de Cardiff,

---

94 *Cf.* Blech, J. *Les inventeurs de maladies, op. cit.*

constata o mesmo fenômeno a propósito dos medicamentos redutores de colesterol. Normalmente, a taxa de colesterol aumenta com a idade, mas "a indústria farmacêutica conseguiu nos convencer" de que a norma de referência deveria ser, de agora em diante, a taxa de colesterol de um jovem de 25 anos. Conforme Healy, "constata-se [então] que 95% dos franceses e dos alemães, por exemplo, são tecnicamente doentes. Do ponto de vista da indústria, é maravilhoso, é um mercado fenomenal". Alguns "experts denunciam a 'máfia do colesterol', que conduz os médicos a prescreverem tratamentos (estatinas) para pessoas que deveriam apenas se mexer mais e comer menos..."[95] Healy mostra como a psiquiatria é ainda mais vulnerável: de fato, as doenças já conhecidas foram de tal maneira redefinidas ou redesenhadas, em função dos "nichos terapêuticos a serem ocupados", que cada doença corresponde exatamente a um medicamento à venda.

A falsa ideia do desequilíbrio químico das doenças mentais

D. Carlat, I. Kirsch e R. Whitaker concordam em reconhecer que a teoria do "desequilíbrio químico" das doenças mentais é falsa. R. Whitaker mostra como essa ideia surgiu nos anos 1950, de-

---

95 Jeanblanc, A. Tous malades pour les labos. In: *Le Point*, 7 de novembro de 2011 (disponível na internet).

pois da chegada dos primeiros psicotrópicos. Percebeu-se, então, que sua ação modificava a secreção dos neurotransmissores, e que já se dispunha de um bom psicotrópico para remediar. Logo propagou-se a ideia de que as doenças mentais eram causadas por um desequilíbrio químico. Citemos alguns exemplos: a clorpromazina,[96] primeiro neuroléptico prescrito para pacientes psicóticos, impede os neurônios de fabricarem dopamina: difundiu-se, então, a ideia de que as psicoses eram causadas pelo efeito inverso, ou seja, por um excesso de secreção de dopamina. A mesma lógica foi aplicada aos antidepressivos. Como percebeu-se que aumentavam a serotonina, fez-se circular a ideia segundo a qual a depressão era causada por uma falta de serotonina no nível dos neurônios. Um raciocínio semelhante poderia igualmente levar à conclusão de que a febre é causada por falta de aspirina,[97] ou a dor por falta de opiáceos!

O universal *versus* o real

A indústria farmacêutica sempre teve um papel preponderante na pesquisa e na inovação dos tratamentos médicos. No entanto, somos forçados a constatar que desde os anos 1980 sua estratégia

---

96 Eram chamados de "porrete líquido", no Brasil "sossega-leão".
97 *Cf.* Carlat, D., citado por M. Angell em "À qui profitent les psychotropes?", *op. cit.,* p. 27.

mudou de maneira desastrosa: sua finalidade deixou de ser inventar medicamentos para curar as doenças que existem e passou a ser inventar doenças para vender medicamentos já disponíveis.

Existem muitos humanos afetados por doenças a serem tratadas. Mas seu número é reduzido demais para que a indústria farmacêutica usufrua de benefícios interessantes. Ocorreu-lhe então a ideia de fabricar novas doenças universais, as únicas verdadeiramente rentáveis, e a partir da oferta, criar a demanda. Dito de outro modo, graças à oferta de medicamentos a indústria farmacêutica conseguiu a façanha de suscitar sua demanda por doenças novas, tanto em medicina como em psiquiatria. Para se tornarem rentáveis, os novos diagnósticos são lançados com grande marketing, como é o caso das bebidas da moda ou das marcas de perfume.

A promoção de doenças, ou *condition branding*, é uma prática conhecida e denunciada há várias décadas. Recentemente, na França, os professores Ph. Even e Bernard Debré, deputado de Paris, denunciaram essa mecânica: "Cem artigos são publicados sobre o tema durante um ano em trinta jornais. Representantes de laboratórios vão distribuir citações desses artigos para informar aos médicos sobre tal síndrome que eles não conhecem. Em seguida, aparece a solução: a nova molécula".[98]

---

98 O "Relatório da missão sobre a revisão do sistema francês de controle da eficácia e da segurança dos medicamentos", uma análise afiada de nosso sistema de saúde, foi apresenta-

Um condicionamento de massa

Os métodos das TCCs são utilizados como técnicas de venda. No momento do lançamento de um produto, os KOL propagam todos a mesma ideia, em seguida massivamente repetida no momento da campanha para obter dos profissionais uma mudança de comportamento, não hesitando em culpabilizá-los quando resistem demasiadamente a essas "inovações científicas". As agências especializadas em comunicação amplificam a técnica no momento de se endereçarem ao grande público, e esse condicionamento de massa é então nomeado "sensibilização a uma doença conhecida" — abrange sobretudo os *blockbusters*, medicamentos que obtêm um grande sucesso e podem limitar a concorrência, como no caso da pílula da felicidade para os adultos e da pílula da obediência para as crianças.

Essas campanhas de comunicação são verdadeiras lavagens cerebrais. Sua finalidade é difundir a publicidade da mercadoria apresentando-a como informação a serviço da formação dos praticantes que a prescrevem. A campanha de desinformação sobre a depressão lançada pelo Instituto Nacional de Prevenção e da Educação para a Saúde (INPES)[99]

do em 16 de março de 2011 ao presidente da República e ao Ministro da Saúde (disponível no endereço: http://www. ladocumentationfrancaise.fr). *Cf.* Jeanblanc, A. Tous malades pour les labos, *op. cit.*

99 O INPES é estreitamente ligado à Direção Geral da Saúde (DGS), que depende do Ministério da Saúde.

em meados de agosto de 2007, e denunciada pelo *Le Nouvel Âne* nº 7, é um bom exemplo disso.[100] O calendário das intervenções é determinado pelo momento do lançamento dos produtos à venda — pílulas, testes genéticos etc.

A agência de comunicação intervém também junto aos organismos públicos para comunicar sobre a doença a ser lançada ou relançada e para "dopar as vendas" graças à publicação de artigos, que não são publicados somente nos jornais especializados. As ações de comunicação são múltiplas, e ainda mais eficazes por serem frequentemente mascaradas. Vão, de fato, da participação em reuniões nos serviços hospitalares à organização de simpósios pelos laboratório durante os congressos.

Um marketing TCC eficaz: angustiar o alvo

Uma vez retocada a "doença pega-tudo", várias técnicas de marketing são utilizadas para atingir o público mais vasto possível. As TCCs utilizadas pela indústria consistem em se dirigir diretamente

---

100 *Cf. Le Nouvel Âne,* nº 7. Paris: Navarin, outubro de 2007. Esta edição, no seu conjunto, é rica em ensinamentos. Leia-se em particular Miller, J-A. Propagande massive pour dépister la dépression: la France rattrape son retard; Mahjoub, L. De Bernard Basset à Roselyne Bachelot; Laurent, É. Big bonheur; La Sagna, Ph. Dépression-Manager; Dewambrechies-La Sagna, C. Antidépresseurs, mode d'emploi; Aflalo, A. Désinformation.

ao público e angustiá-lo, persuadindo-o de que são doentes e devem se tratar. Por exemplo, para vender os redutores de colesterol, jogou-se com o medo de uma morte prematura. Para vender às mulheres com menopausa o hormônio de reposição, jogou-se com a medo da crise cardíaca...

O medo é um bom argumento de venda para "vender" doenças mentais e os psicotrópicos que devem tratá-la. Assim, no momento em que a FDA deve autorizar tal antidepressivo, programas de TV dedicados às variações de humor conseguem convencer um grande público de que as emoções legítimas são verdadeiros sintomas e devem ser tratados permanentemente, sob o risco de complicações graves, como o suicídio, por exemplo.

Provocar o medo também é rentável para vender psicotrópicos para as crianças. Induzir o medo ao suicídio leva os pais a aceitarem tratar suas crianças e adolescentes a partir dos primeiros sinais de tristeza, imediatamente transformados em "depressão patológica". Joga-se igualmente com o medo do fracasso escolar como justificativa para estender o uso da [®] às crianças supostamente hiperativas. No entanto, vários medicamentos causam os estragos que eles deveriam prevenir: o risco de suicídio é efeito secundário conhecido dos antidepressivos, assim como da pílula da obediência. Sabemos, de fato, que os antidepressivos têm efeitos ansiolíticos e desinibidores potentes. E no momento em que a angústia não retém mais a decisão do suicídio, durante a suspensão da inibição, o risco de passagem ao ato suicida é bastante importante. Ele é ainda mais presente onde o tratamento medicamentoso é prescrito isolado ou ao mesmo tempo que uma reeducação autoritária, já que em nenhum dos dois casos há lugar para a palavra daquele que sofre. Resta, então, pouca possibilidade de localizar as causas de seu sofrimento e resolver o problema que não o deixa mais em paz.

6.

CRIANÇAS: UM NOVO ALVO

As neuroses, colocadas em evidência pela psicanálise (histeria, neurose obsessiva, neurose fóbica), foram retiradas do *DSM*. A angústia e a inibição, manifestações comuns dos seres falantes, foram então rebatizadas como "estresse" e serviram à fabricação abundante de novas "síndromes de ansiedade" e outras "síndromes depressivas". Essas novas "entidades" são verdadeiros nichos diagnósticos, favoráveis à venda direcionada de medicamentos: foi assim que os antidepressivos viram suas indicações se multiplicarem de modo exponencial para tratar a angústia. Os neurolépticos, cuja prescrição no início se limitava aos acessos psicóticos agudos, conheceram o mesmo sucesso graças aos experts acadêmicos cujas invenções selam o pacto infernal com os fabricantes de pílulas.

Uma presa fácil para estimular as vendas

As doenças que estarão na moda amanhã são decidas hoje nos escritórios de marketing dos grandes laboratórios, e é a eles que devemos a emergência de dois novos alvos: as crianças e os idosos. A dependência de ambos, que os torna vulneráveis, fazem com que sejam presas mais fáceis de serem atingidas.

Barbara Mintzes, pesquisadora canadense em saúde pública, também denunciou a construção de doenças, ou a ampliação da definição de uma doença, para aumentar a venda de tratamentos. Ela criticou, em particular, a tendência a expandir o mercado dos psicotrópicos para as crianças através do diagnóstico da hiperatividade, da depressão e dos transtornos bipolares, apesar de sua falta de eficácia e da importância dos efeitos colaterais.[101]

A indústria incita ao aumento incessante das prescrições de psicotrópicos, inclusive para categorias de pacientes para os quais não são seguros nem eficazes; isto, às vezes, até mesmo sem a autorização de introdução no mercado. As crianças bem pequenas se tornaram, assim, um novo alvo. Dois processos são utilizados com essa finalidade: os pequenos

---

101 *Cf.* Mintzes, B. Disease mongering in drug promotion. Do governments have a regulatory role?. In: *PLOS Medicine*, abril de 2006 (disponível na internet). Citado por M. Debauche, *em* Marché des médicaments psychotropes: construction historique d'une dérive, *op. cit.*

são fantasiados com os trajes de "doenças" que até então eram reservadas aos adultos como, por exemplo, os transtornos bipolares; outra técnica conhecida consiste em ampliar os critérios de uma doença que já afetam algumas crianças, como no caso do autismo. Assim, como já mencionamos, entre 1993 e 2004 a prevalência do autismo foi multiplicada por 5, enquanto para a década seguinte o *DSM-5* visa uma extensão ainda maior.

Rentabilização dos afetos

O marketing eficaz da indústria farmacêutica conseguiu convencer os pais a psiquiatrizar as emoções de cada momento da infância e da adolescência: da irritabilidade das crianças pequenas, passando pela irritação das que estão no primário, até a angústia do adolescente, cada afeto pode assim se tornar rentável.

Nos Estados Unidos, as crianças tornaram-se presas ainda mais fáceis por seus pais terem direitos a subsídios, como o SSI[102] e o Medicaid, às vezes o único recurso da família. Para David Autor, pro-

---

102 O programa Medicaid permite fornecer um seguro saúde às pessoas e às famílias que têm poucos recursos. O SSI — *Supplemental Security Income* — é uma "renda de segurança complementar" por incapacidade mental. Os hospitais e os serviços de seguro social encorajam as famílias a recebê-lo. *Cf.* também Riché, P. La reforme du système de santé américain expliquée aux nuls, postado no site *Rue89* em 22 de março de 2010.

fessor de economia no Massachusetts Institute of Technology (MIT), esse tipo de subsídio "tornou--se o novo sistema de proteção social".[103] Muitas empresas se especializaram na montagem de dossiês com a finalidade de obter o SSI e o conseguem com a condição de que o postulante tome psicotrópicos. Na França, é praticamente impossível obter um subsídio para um adulto com deficiência (AAH)[104] devida a patologias psiquiátricas se o sujeito não toma neurolépticos. Segundo uma reportagem publicada no *New York Times,* as crianças de famílias com baixa renda são quatro vezes mais expostas ao risco de terem que tomar psicotrópicos. O jornal menciona também o caso de uma menininha de quatro anos, Rebeca Riley, morta em 2006 por uma associação de Clonidina, Depakote e Quetiapina que lhe havia sido prescrita para TDAH, apesar de ter apenas dois anos.[105]

Durante os últimos quatro anos, apenas "cinco laboratórios foram perseguidos a nível federal por terem promovido ilegalmente o uso de psico-

---

103 Citado por M. Angell, em "À qui profitent les psychotropes?", *op. cit.,* p. 34. *Cf.* também Autor, D.; Chandra, A.; Duggan, M. Public health expenditures on the working age disabled. Assessing Medicare and Medicaid utilization of SSDI and SSI recipients, setembro de 2011 (disponível na internet).

104 N. T.: AAH: *Allocation adulte handicapé.*

105 *Cf.* Wilson, D. Poor children likelier to get antipsychotics. In: *The New York Times,* 11 de dezembro de 2009; e Carey, B. Debate over children and psychiatric drugs", *The New York Times,* 15 de fevereiro de 2007 (disponível na internet).

trópicos fora AIM (Autorização de Introdução no Mercado)",[106] sendo condenados a pagar vários milhões de dólares por perdas e danos.

Hiperatividade por hiperprescrição

Vários autores se dedicaram a estudos sobre a prescrição de psicotrópicos para crianças[107] onde a evolução da prescrição da pílula da obediência está claramente descrita. Descoberta em meados dos anos 1940, a molécula de metilfenidato foi, inicialmente, prescrita para adultos para tratar o acesso agudo de fadiga. Em seguida, a invenção do diagnóstico de "transtorno funcional do comportamento" fez com que fosse prescrita aos alunos com dificuldades. Posteriormente a FDA proibiu esse diagnóstico, que considerou bastante vago e que foi imediatamente renomeado de "Disfunção cerebral mínima". Mais tarde, a nova invenção do Transtorno Hipercinético veio assombrar as creches e escolas primárias. Desde que o *DSM* inventou o TDAH, no final dos anos 1980, o número de prescrições de ® para os jovens dobrou no Estados Unidos, e foi multiplicado por cinco no Canadá. No entanto, esse "transtorno" continua bastante controverso, já

---

106 *Cf.* Angell M. À qui profitent les psychotropes?, *op. cit.,* p. 35.
107 *Cf.* em particular: Healy, D. *Les Médicaments psychiatriques démystifiés, op. cit.*; Blech, J. *Les Inventeurs de maladies, op. cit.*, pp. 124-126 notadamente.

que seus sintomas, que não têm nada de específico, podem ser atribuídos a outros diagnósticos. O Transtorno do Espectro Autista do *DSM-5* é um exemplo similar.

Em 2005, "quase 8 milhões de crianças em idade escolar, de 3 à 20 anos, tomavam psicotrópicos".[108] Nos Estados Unidos, psiquiatras e laboratórios farmacêuticos não cessaram de promover a ®, medicamento com vários efeitos colaterais: para assegurar a calma na sala de aula, muitos professores incitavam os pais a se consultarem. Esse procedimento, que resultava na prescrição da pílula da obediência, se tornou obrigação, principalmente por ser condição para o pagamento da ajuda cedida pelo Estado aos alunos em dificuldade. Alertada pela multiplicação de suicídios em jovens tratados por psicotrópicos, a FDA ordenou aos laboratórios farmacêuticos que mencionassem em suas embalagens avisos sobre os riscos de seus medicamentos. Como havíamos dito, esse risco deve ser temido, sobretudo, quando a prescrição é injustificada e a criança é impedida de se manifestar pela palavra.

Em dezembro de 2004, o presidente Bush teve que assinar um decreto visando limitar seu uso em crianças e adolescentes. De fato, a *Prohibition on mandatory medication amendment*" proíbe os estabelecimentos escolares e seus funcionários de forçarem os pais a tratar medicamente seus filhos por

---

108 Charles, G. Pas d'amphés pour les enfants. In: *L'Express*, 17 de janeiro de 2005 (disponível na internet).

problemas de comportamento em sala de aula ou por resultados insuficientes.[109] Esse texto legislativo limitou, então, a influência dos profissionais ligados à indústria farmacêutica e também os serviços médico-farmacêuticos nos meios socioeducativos, um sério obstáculo à medicalização dos problemas escolares nos Estados Unidos.

No entanto, os que apoiam a medicalização escolar não baixaram as armas: a comissão sobre saúde mental entregou ao presidente um relatório no qual recomenda implementar um gigantesco programa de diagnóstico psicológico para todas as crianças americanas em idade escolar, do maternal ao ensino médio. Na França, tentativas do mesmo tipo já aconteceram, sendo imediatamente denunciadas pelo jornal *Le Nouvel Âne*. E parece que eles tampouco vão baixar suas armas agora.[110]

Modas fatais

Depois da moda do TDAH, a indicação de dois KOL do Massachusetts General Hospital foi suficiente para lançar a moda do "Transtorno bipolar juvenil". Os experts queriam impor a ideia de que, nas crianças pequenas, o choro e a irritabilidade deveriam ser interpretados como sinais

---

109 Idem.
110 De fato, foi lançada uma campanha de diagnóstico precoce do autismo por ocasião da Jornada Mundial do Autismo em 2 de abril de 2010.

de depressão. Vários TDAHs foram então rediag-
nosticados como "Transtorno bipolar juvenil" e as
vendas de antidepressivos explodiram. Para evitar
as controvérsias e continuar com as prescrições, o
DSM-5 desfaz mais uma vez seus antigos diagnósticos e os substitui por um novo monstro: a Desregulação do temperamento com disforia (TDD).
Atualmente, graças a essas eficazes estratégias de
marketing, "10% dos meninos de dez anos tomam
estimulantes" para um TDAH, enquanto "500 mil
crianças estão sob a influência de neurolépticos".[111]
O espectro do autismo (TSA) é também uma nova
moda da mesma natureza.

Desde o final dos anos 1990, o enfraqueci-
mento da regulamentação da publicidade nos Estados Unidos se traduziu numa ofensiva sem precedentes do marketing farmacêutico, que submete os
telespectadores aos bombardeamentos cotidianos
de seus spots publicitários.

Os estudos de I. Kirsch mostram, assim,
que teria sido preciso invocar o FOIA — *Freedom
of Information Act*, lei que rege o acesso aos documentos administrativos — para obter os relatórios
da FDA e perceber que muitos dos ensaios clínicos
não constatam nenhuma diferença de eficácia entre
um antidepressivo e um placebo. Mas, quando os
resultados de um estudo clínico realizado por um
laboratório farmacêutico são negativos, eles não são

---

111 Angell, M. À qui profitent les psychotropes?. In: *Books,
op. cit.*, p. 34.

publicados; ao contrário, "apodrecem nos arquivos da FDA (...). Esta prática falseia bastante a literatura especializada, o ensino da medicina e as decisões em matéria de tratamento".[112] Assim, em 2008, o editorial da revista *Nature Neuroscience* alertava para uma "Crise de credibilidade da psiquiatria pediátrica" e pedia uma reforma urgente da regulamentação.[113] Tal constatação é bastante pertinente, mas não nos parece que a solução esteja do lado de mais ciência, que não seria outra coisa a não ser um aumento de cientificismo.

Apesar de ter sido um dos primeiros a estudar os efeitos dos estimulantes sobre o déficit de atenção em crianças, Léon Eisenberg, professor da Universidade John Hopkins e, posteriormente, da Harvard Medical School, se tornou "um crítico feroz daquilo que vê como um uso irresponsável dos psicotrópicos".[114]

R. Whitaker, por sua vez, mostrou que a epidemia de transtornos mentais é iatrogênica, quer dizer, engendrada pela generalização da prescrição

---

112 Idem, p. 27.
113 *Cf.* Credibility crisis in pediatric psychiatry. In: *Nature Neuroscience*, editorial, vol. 11, nº 9, setembro de 2008, p. 983 (disponível na internet).
114 *Cf.* artigo-testamento de Eisengerg, L. Were we all asleep at the switch? A personal reminiscence of psychiatry from 1940 to 2010. In: *Acta Psychiatrica Scandinavica*, vol. 122, nº 2, agosto de 2010, pp. 89-102 (disponível no endereço: http://onlinelibrary.wiley.com). *Cf.* também Angell, M. À qui profitent les psychotropes? *op. cit.,* p. 30.

dos psicotrópicos para crianças e adultos. Além disso, tratamentos anteriormente limitados aos acessos agudos de cada forma de doença são agora prescritos por uma duração bastante longa, provocando efeitos colaterais que necessitam do acréscimo de outros medicamentos. Por exemplo, o uso abusivo de antidepressivos desencadeia tamanha excitação que o infeliz paciente é logo em seguida diagnosticado como bipolar, embora este novo sintoma seja provocado pelo medicamento.[115]

Steve Hyman, antigo diretor do *National Institute of Mental Health* (NIMH) e ex-reitor da Universidade de Harvard, constata que o consumo prolongado desses coquetéis de medicamentos provoca "alterações substanciais e duráveis do funcionamento neuronal";[116] Nancy Andreasen demonstrou que o uso de antipsicóticos a longo prazo é acompanhado de uma atrofia cerebral,[117] assunto abordado em entrevista com a autora publicada no *New York Times*.[118]

---

115 *Cf.* Whitaker, R. *Anatomy of an Epidemic, op. cit.*
116 Citado por M. Angell, em "The epidemic of mental illness, why?". In: *New York Review of Books,* 23 de junho de 2011 (disponível na internet).
117 *Cf.* Andreasen, N.; Nopoulos, P.; Magnotta, V. et al. Progressive brain change in schizophrenia. A prospective longitudinal study of firts-episode schizophrenia. In: *Biological Psychiatry,* vol. 70, nº 7, outubro de 2011, pp. 672-679 (disponível na internet).
118 *Cf.* Dreifus, C. Using imaging to look at changes in the brain. Entrevista com Nancy Andreasen. In: *The New York Times*, 15 de setembro de 2008 (disponível na internet).

Frequentemente utilizados, entre outros, no tratamento da esquizofrenia, do transtorno bipolar e do transtorno de déficit de atenção com hiperatividade, sem esquecer o autismo, os antipsicóticos de segunda geração — ditos atípicos — duplicam o risco de morte súbita por causa cardíaca, conforme estudo publicado no *New England Journal of Medicine*.[119]

Na França, Jean-Michel Décugis, Christophe Lebbé e Olivia Recasens assinaram um brilhante artigo no *Le Point* intitulado "A grande mentira dos antidepressivos".[120] Bem documentado, o texto dá uma boa ideia sobre as malformações provocadas em crianças pelo uso de antidepressivos durante a gravidez — como o Paxil, carro-chefe do laboratório GlaxoSmithKline (GSK) —, conforme alerta de um pesquisador a seus superiores, em março de 1980, numa "nota interna que não deveria jamais ter se tornado pública". De fato, "dado a ratos em gestação, ele provoca um número anormalmente elevado de malformações congênitas".

Coordenado pelo Dr. Martin Keller, professor de psiquiatria e comportamento humano na

---

119 *Cf.* Cooper, W. O.; Habel, L. A.; Sox, C. M. et al. ADHD drugs and serious cardiovascular events in children and young adults. In: *New England Journal of Medicine,* vol. 365, n° 20, 17 de novembro de 2011, pp. 1896-1904 (disponível na internet).
120 Décugis, J.-M.; Labbé, Ch. ; Recasens, O. Le grand menssonge des antidépresseurs. In: *Le Point,* 10 de dezembro de 2009 (disponível na internet).

Universidade de Brown, o "Estudo 329" testou o Paxil em centenas de crianças durante dois anos. Coassinada por vinte e dois dos mais eminentes especialistas em psiquiatria, a conclusão menciona boa eficácia e uma boa tolerância; a FDA concedeu, então, autorização para introduzi-lo no mercado.

As primeiras queixas chegaram em 2004, e a promotoria revelou a verdade: não somente o Paxil não é mais eficaz do que o placebo, mas seu uso pode desencadear pensamentos suicidas.[121] Várias crianças sofreram efeitos colaterais graves, havendo, em alguns casos, necessidade de hospitalização. As crianças ditas recalcitrantes não são mencionadas no estudo. O laboratório preferiu um acordo amigável, e teve que pagar às vítimas mais de 2 milhões e meio de dólares,[122] enquanto o Paxil rendia mais do que isso a cada sete horas. M. Keller recebeu 1 milhão de dólares por esse trabalho.[123]

Em 2008, apesar de todos esses elementos,

---

121 Já mencionamos em quais condições, no capítulo 5 deste trabalho.

122 *Cf.* vídeo da CCDH postado no YouTube: Paxil, anti-dépresseur teste sur des enfants (Marketing de la Folie 8/20). Fonte: http://www.youtube.com/watch?v=uH7gdUp87ow.

123 "According to his tax returns, Keller pulled in a total of US$444,000 in 1997 and 556,000 in 1998 from firms either making drugs or promoting them." In: Bass, A. *Side Effects*. Chapel Hill (NC): Algonquin Books, 2008. *Cf.* também Bass, A. Drug companies enrich Brown professor. In: *The Boston Globe*, 4 de outubro de 1999; e BBC: "Secrets of the drugs trials. Transcript", transcrição da emissão de 29 de janeiro de 2007 (disponível na internet).

a agência francesa de segurança sanitária dos produtos de saúde (AFSSAPS) autorizou os médicos a prescreverem Prozac para crianças a partir de 8 anos de idade. "Um estudo realizado em ratos jovens [no entanto] revelou que este antidepressivo poderia acarretar 'danos irreversíveis nos testículos' e um comportamento suicida".[124]

---

124 Décugis, J.-M.; Labbé, Ch.; Recasens, O. *Le grand mens-songe des antidépresseurs. Op. cit.*

7.

INSTITUIÇÕES MANIPULADAS: UMA EPIDEMIA DE GANÂNCIA

O lobby farmacêutico quer impor no mundo todo uma desregulação generalizada; e não é de todo impossível que a epidemia de ganância que atingiu o conjunto das instituições mundiais facilite seus objetivos.

Os vários escândalos que mancharam a reputação dos KOL, comprometidos com a *Big Pharma*, disseminam nos Estados Unidos um descrédito duradouro relativo ao *DSM* e sua loucura de marketing no campo da saúde mental. Tendo decidido se afastar do *DSM*, o NIMH trabalha na elaboração de outra classificação dos transtornos psiquiátricos, visto que vários pontos do *DSM* já são alvos de crítica — a credibilidade dos diagnósticos do *DSM* não é colocada em questão, apenas sua validade. De fato, graças à "sábia" distinção entre credibilidade e validade, os KOL do NIMH querem impor uma classificação fundada naquilo que acreditam ser a causa genética dos sintomas psi; e na qualidade de experts, então, declaram que as categorias diagnósticas do *DSM* não refletem adequadamente as atuais contribuições das "neurociências" e da genética.

Dito de outro modo, o descrédito que recaiu sobre o *DSM*, longe de ser uma oportunidade para se discutir a atuação dos experts nas instituições de saúde, parece mais uma excelente oportunidade agarrada pela *Big Pharma* — que retoma, assim, a ofensiva de marketing para o mercado do "tudo genético". Caso tivéssemos comemorado antes do tempo, estaríamos equivocados: a crítica ao *DSM* não se refere ao fato de que os KOL tenham sido pegos em flagrante, mas sim que não sejam servis o suficiente.

De fato, embora continue não sendo objeto de uma crítica objetiva, aguardada por todos os cientistas e clínicos mais sérios, o *DSM*, na sua forma atual, já não favorece tanto as vendas de medicamentos. E até que seja substituído pela nova classificação, favorável às vendas de testes genéticos, resta a indicação dos poderes públicos para autorizar sua introdução no mercado, como, por exemplo, através das companhias de seguro.[125]

Os experts acadêmicos estão presentes em

125 *Cf.* também "Développement d'une autre classification des troubles psychiatriques que le *DSM*". In: *PsychoMédia*, postado no site em 25 de janeiro de 2012.

todas as instituições, e é difícil dizer quem, dentre eles, são *laranjas*[126] das companhias farmacêuticas, quer dizer, parceiros disfarçados de experts. O ato de influenciar as decisões do NIMH ou da FDA é, lamentavelmente, uma prática conhecida e denunciada por vários autores.[127] O "*The Physician Payments Sunshine Act*",[128] parte da reforma do sistema de saúde americana e promulgado em 2010, requer dos laboratórios a declaração de todo pagamento feito a médicos, uma excelente iniciativa prevista para entrar em vigor em 2013.

No entanto, infelizmente, é provável que esse sistema opaco encontre um meio de se reinventar. Até lá, a mesma organização continua em vigor em quase todo o mundo, pois o fato é que o NIMH é apenas um dos vários exemplos dessa contaminação — que provoca desvios nas instituições internacionais de saúde e, deste modo, coloca em perigo a saúde de cada um de nós.

---

126 N.E.: no original, "*shill*" [figurante], também chamado "planta" ou "pateta", é uma pessoa que publicamente ajuda outra ou uma organização, sem revelar sua ligação próxima com estes últimos. Fantoche. Fonte: Wikipedia.

127 *Cf.* em particular Kassirer, J. *On the Take.* Em francês *La Main dans le Sac, op. cit.*

128 Pode-se encontrar a versão original do texto da lei no site *Policy and Medicine* (http://policymed.com). O projeto foi iniciado no Senado pelo republicano Charles Grassley.

Regulação ou desregulação internacional?

A OMS não é poupada desses conflitos de interesse com os laboratórios farmacêuticos. De fato, em janeiro de 2011, causou escândalo a nomeação do diretor de pesquisas do laboratório Novartis para um de seus comitês de especialistas. O jornal *Le Monde* fez ecoar este fato no dia 23 de janeiro,[129] e aqui registramos dois de seus artigos:

Paul Benkimoun constata que "a organização mundial da saúde (OMS) tem realmente dificuldades para escapar às críticas que estigmatizam sua incapacidade de lutar contra os conflitos de interesse. Suspeita de jogar o jogo da indústria farmacêutica quando, no passado, afrouxou as normas que definiam a hipertensão arterial — tendo como consequência o aumento do número de pacientes suscetíveis de serem tratados por medicamentos anti-hipertensivos —, a organização viu estas críticas reflorescerem a propósito de sua gestão da pandemia gripal de 2009-2010". Benkimoun observa ainda que a "OMS endossou a doutrina de parcerias público-privadas". E conclui: "Ao aceitar (...) a presença, em um comitê de experts, de personalidades, por mais competentes que sejam, que têm laços ou responsabilidades com uma multinacional farmacêutica, a OMS corria o risco de semear a dúvida, ou mesmo de enfraquecer sua autoridade com

---

129 Reproduzidos em vários sites.

orientações tendenciosas".[130]

Agathe Duparc, por sua vez, se interroga: "Seria a Organização Mundial de Saúde (OMS) capaz de evitar conflitos de interesse e de tomar distância dos *lobbies* farmacêuticos?" E constata ela mesma: "Margaret Chan, diretora da OMS, rebateu as críticas sobre um eventual conflito de interesses explicando que a agência da ONU pedia "frequentemente ajuda a pessoas da indústria" para obter um parecer consultivo, e que o professor suíço era um expert reconhecido e brilhante".[131]

Na Europa, Thomas Lönngren, ex-chefe da *European Medicines Agency* (EMA) favoreceu-se de seu cargo para criar uma empresa de lobby a serviço das indústrias farmacêuticas. Lönngren foi diretor da EMA durante dez anos, até 31 de dezembro de 2010, e sua passagem realmente não desagradou os industriais: segundo um deles, durante este período, a EMA "consolidou sua reputação de previsibilidade, de modo que chama pouca atenção da mídia e do mundo político, apesar de que os problemas em torno da aprovação dos medicamentos se tornaram importantes e susceptíveis a controvérsias".[132]

---

130 Benkimoun P. La complaisance à l'égard d'un laboratoire peut miner une institution In: *Le Monde*, domingo 23 de janeiro de 2011, p. 4 (disponível na internet).
131 Duparc, A. L'OMS face à un nouveau conflit d'intérêts. Idem.
132 Cf. *As palavras têm um sentido*: "Le chef de l'Agence européenne du médicament travaillait aussi pour les labos pharmaceutiques", postado no site em 29 de dezembro de 2011.

Nos Estados Unidos, como mostram particularmente os trabalhos de Arnold Relman, o conluio entre medicina e indústria é objeto de pesquisa desde os anos 1980. Este especialista em *social medicine* e professor de Harvard publicou vários livros sobre o problema.[133] Já os danos provocados pela *medicine business* são mais conhecidos e, portanto, melhor combatidos. É por isso que sua falência, percebida como inevitável por muitos atores da saúde, obrigou até mesmo os liberais a mudarem de orientação.

A França, com sua cobertura obrigatória, continua tendo o melhor modelo ainda hoje. Mas por quanto tempo? De fato, o país é vítima do mesmo mal; as publicações sobre o assunto têm apenas dez anos,[134] e é esta a provável razão pelo atraso em levar a sério as necessárias medidas políticas para limitar o *ghost management* e o cientificismo das TCCs.

Há pouco tempo, o escândalo do Mediator mostrou que os laços dos experts com os laborató-

---

133 *Cf.* Relman, A. S. The new medical-industrial complex. In: *The New England Journal of Medicine*, vol. 303, nº 17, 23 de outubro de 1980, pp. 963-970; Separating continuing medical education from pharmaceutical marketing. In: *JAMA*, vol. 285, nº 15, 18 de abril de 2001, pp. 2009-2012 (disponível na internet); *A Second Opinion. Rescuing America's Health Care*. New York: Public Affairs, 2007.
134 Citemos, em particular, a ATTAC (França): Salomon, J.-Cl. *Le Complexe médico-industriel*. Paris: Éd. Mille et une nuits, 2003.

rios não os impediam de também terem seu lugar em diferentes comissões sanitárias públicas, desde a Comissão de Autorização de Introdução no Mercado, que depende da Agência do Medicamento, até a HAS, da qual dependem a Comissão de Transparência e a Comissão Econômica dos Produtos de Saúde (CEPS).

A este respeito, afirmava o professor Ph. Even: "Esta máquina do Estado é tão lenta que levaria dois anos para interditar o cianeto".[135] Alain Bazot, da União Federal dos Consumidores (UFC Que Choisir) comentou que o "Mediator é apenas um novo revelador de um sistema do medicamento que sofre de graves carências, de um sistema apodrecido".[136] Certamente, as declarações dos conflitos de interesses públicos — tornadas obrigatórias a partir de então — são bem-intencionadas, mas, como nos Estados Unidos, não foram suficientes para conter essas práticas.

De fato, em 2011, o professor Jean-Luc Harousseau, que substituiu o professor Laurent Degos na direção da HAS — depois de ter assinado uma primeira declaração pública de interesses livres de laços com a indústria farmacêutica — teve que reconhecer que, como pessoa física, recebeu mais de

---

135 L'affaire du Mediator ouvre une crise à l'agence du médicament. In: *Libération* (fonte AFP), 12 de janeiro de 2011 (disponível na internet).
136 *Cf. Le Monde.fr*, "Servier a été épinglé pour publicicté mensongère sur le Mediator", postado no site em 11 de janeiro de 2011 (http://www.lemonde.fr).

200 mil euros de diversas empresas farmacêuticas durante os três anos que precederam sua chegada ao topo da HAS...[137] Isto, sem mencionar a quantia arrecadada pelas estruturas de pesquisa que pilotava: alguns sites estimam em aproximadamente 12 milhões de euros os recursos dedicados a este fim.[138]

Xavier Bertrand, Ministro da Saúde na época, tinha afirmado que as reformas aguardadas para reconstruir o sistema do medicamento seriam profundas, radicais e rápidas, já que — dizia — deveria haver "um antes e um depois do Mediator". Anunciava uma reforma que deveria estar pronta antes do final de junho, e sua parte legislativa deveria passar ao Parlamento no segundo semestre de 2011. Bertrand honrou sua palavra, pois a Agência Nacional de Segurança do Medicamento e dos Produtos de Saúde (ANSM) existe desde 1º de maio de 2012,[139] quando retomou as missões, obrigações e competências antes exercidas pela AFSSAPS. A agência tem também novas responsabilidades, es-

---

137 *Cf.* Pasca, E. "Haute Autorité de Santé: Présidence de l'UMP. Jean-Luc Harousseau, qui a perçu 205.482 euros des laboratoires depuis 2008...", postado no blog *Pharmacritique* no dia 13 de março de 2012 ; e Vidalie, A. La tardive transparence de la HAS. In: *L'Express,* 4 de março de 2011 (disponível na internet).

138 *Cf.* Pasca, E. Haute Autorité de Santé... *loc. cit.*

139 O decreto nº 2012-597 de 27 de abril de 2012, relativo à Agência Nacional de Segurança do Medicamento e dos Produtos de Saúde, que estabelece sua organização e seu funcionamento, foi publicado no *Journal officiel* de 29 de abril de 2012 (disponível no endereço: http://legifrance.gouv.fr).

pecialmente no campo da pesquisa, dos estudos de acompanhamento de pacientes e da coleta de dados de eficácia e tolerância, além do enquadramento das Recomendações Temporárias de Utilização (RTU), podendo também regulamentar a publicidade de medicamentos.[140]

A liderança da ANSM também foi renovada;[141] será, de fato, assegurada por um Conselho de Administração e por um Conselho Científico — o primeiro composto do presidente da agência e de 26 membros nomeados para um período de três anos, renovável uma vez;[142] e o segundo composto de doze pessoas (experts estrangeiros incluídos), também nomeadas por um período de três anos renovável uma vez — em função de suas expertises científicas em matéria de produtos de saúde, incluindo também um médico, um biólogo e um farmacêutico de hospitais, designados cada um por sua Ordem.

O decreto afirma que a ANSM deve garantir a segurança dos pacientes, incitar o desenvolvimen-

---

140 *Cf.* o site da ANSM (http://ansm.sante.fr).

141 Retomamos em parte o artigo "L'AFSSAPS est morte, vive l'ANSM!". In: *Le Quotidien du médecin*, 2 de maio de 2012 (disponível na internet).

142 Os 26 membros são: nove representantes do Estado, três deputados, três senadores, dois representantes dos seguros de saúde, um representante da Ordem Nacional dos Médicos e um representante da Ordem Nacional dos Farmacêuticos, dois representantes dos usuários, duas personalidades qualificadas e três representantes do pessoal da ANSM.

to de uma pesquisa independente, realizar estudos de acompanhamento e recolher dados de eficácia e tolerância, entre outras atribuições. Entretanto, os ensaios clínicos — inclusive no campo psi — serão sempre definidos contra o placebo, e pelos mesmos industriais que deverão comunicar seus resultados! É difícil imaginar, hoje em dia, como a ANSM poderá cumprir suas obrigações de transparência no que concerne ao "rastreamento" de seus trabalhos; mesmo apresentando alguns progressos, esta orientação, por enquanto, não colocou em questão o papel dos KOL. Podemos então, legitimamente, questionar a eficácia dessa nova criatura frente a um sistema que vem gangrenando cada instituição de saúde na França e no mundo. A aliança deletéria entre os experts acadêmicos e a burocracia poderá, então, continuar a servir ao negócio da medicina [*medicine business*] em geral e ao "lobby do autismo" em particular.

A "expertise" francesa em tempos de *DSM*

O bem-sucedido lançamento do Transtorno do Espectro Autista (TSA) demanda uma sincronização dos calendários dos dois lados do Atlântico. Cada lançamento de diagnóstico do *DSM* desencadeia, de fato, estratégias codificadas de marketing para as instituições e para o público.

Em 2004, o INSERM deveria publicar um relatório sobre psicoterapias que colocava o chapéu de burro na cabeça da psicanálise. Além disso, seis meses antes, alguns experts haviam conseguido convencer os parlamentares a votarem uma lei com consequências catastróficas para a psicanálise, felizmente evitada por uma mobilização nacional.[143]

Em 2005, uma perícia do INSERM tentava impor "transtornos de conduta" às crianças para exercer pressão sobre a imposição de um diagnóstico sistemático de "ladrões de cubos" a partir dos três anos de idade, nas creches e no maternal. Na mesma época, uma conferência de consenso da HAS tentava relacionar a "psicopatia adolescente" a esse "transtorno de conduta" em crianças — um novo golpe para impor as classificações do *DSM* em lugar das classificações francesas, julgadas demasiadamente favoráveis à psicanálise. Uma vez mais, uma grande mobilização nacional fez o projeto cair por terra.[144]

Em 2012, outra perícia da HAS sobre autismo tentou desacreditar "cientificamente" a psicanálise no que se refere ao seu tratamento. Sua publicação foi igualmente precedida pela ofensiva de um parlamentar tentando proibir a prática psicanalítica

---

143 *Cf.* Aflalo, A. *O assassinato frustrado da psicanálise. Op. cit.*
144 "Pas de zero de conduite pour les enfants de trois ans", apelo lançado em resposta ao relatório do INSERM sobre o transtorno de conduta em crianças (site na internet: http://pasde0deconduite.org).

na França — o lobby junto aos políticos é a última etapa desse incessante movimento para proibir a psicanálise no país.

Mas de que se trata, então, essa vontade maluca que repete incessantemente: "Quero isto, ordeno isto, que a minha vontade sirva de razão"?[145] Ela emana do discurso que pretende fazer com que a propaganda dos produtos farmacêuticos se passe pelos últimos avanços da ciência: trata-se, pois, de instalar a dúvida e a culpa no espírito dos políticos — que terão que tomar as decisões, quando chegar o momento, usando como argumento um pretenso atraso francês em comparação com outros países, atraso que "privaria injustamente o público de benefícios preciosos".

A tática empregada é a mesma utilizada pelo condicionamento das TCCs — quer dizer: primeiramente, a repetição, para convencer da seriedade do assunto; em seguida, o desencadeamento da angústia, para obter o consentimento forçado. Essa tática de forçamento se insere em uma estratégia que vem se tornando conhecida e que pretende fazer com que se acredite na ideia maluca de uma catástrofe sanitária, que certamente acontecerá caso os políticos demorem a se convencer. Sob a influência dos "experts acadêmicos" — remunerados e finan-

---

145 *Hoc volo, sic jubeo, sit pro ratione voluntas*. Juvenal. *Satires*. Ed. bilíngue com org. de P. de Labriolle e F. Villeneuve, trad. O. Sers. Paris: Les Belles Lettres, col. Classiques en poche, 2002, Satire VI, p. 223.

ciados pelos laboratórios —, a burocracia sanitária,
então, não hesita em tornar seus relatórios favoráveis a essa política — uma operação que faz parecer
real o que na realidade não passa de pura construção, destinada a satisfazer uma necessidade econômica imperiosa e dissimulada.

Psis franceses: não tão dóceis

Em sua maioria, os profissionais psis franceses continuam favoráveis à psicanálise e refratários
aos condicionamentos das TCCs. Com exceção da
maioria dos psiquiatras universitários, são também
reticentes quanto às prescrições maciças de psicotrópicos para crianças.

Ora, a Classificação Francesa dos Transtornos
Mentais da Criança e do Adolescente (CFTMEA)
tornou-se o pesadelo dos adeptos do espectro TSA,
que querem aboli-la. De fato, na França, o espectro
do autismo é também hesitante quanto ao uso de
outras classificações além do *DSM*. A CFTMEA,[146]
no entanto, é considerada como um equivalente
local do *DSM* (nos Estados Unidos) e da Classificação Internacional de Doenças (CID) estabelecida
pela OMS. Logo, não é favorável à psicanálise, mas
certas "associações de autismo" a criticam por estar
ainda sob grande influência dos psicanalistas, já que

---

146 *Cf.* o artigo do Wikipédia "Classification française des
troubles mentaux de l'enfant et de l'adolescent".

o autismo permaneceu classificado na categoria das psicoses infantis.

Para ser mais exata, na CFTMEA 2000 o autismo se encaixa na categoria dita "Autismo e Transtornos Psicóticos". Esta categoria inclui as "Psicoses Precoces", julgadas idênticas aos Transtornos Invasivos do Desenvolvimento, entre eles o Autismo Infantil Precoce — tipo Kanner — e as Outras Formas de Autismo — como as Psicoses Precoces Deficitárias com Transtornos Autísticos ou Psicóticos, a Síndrome de Asperger, as Desarmonias Psicóticas, os Transtornos Desintegrativos da Infância, as Outras Psicoses Precoces ou Outros Transtornos Invasivos do Desenvolvimento, e, finalmente, as Psicoses Precoces ou Transtornos Invasivos do Desenvolvimento Não Especificados.

Esta classificação francesa mostra claramente que a batalha dos nomes travada pelo *DSM* nos Estados Unidos é, antes de tudo, uma batalha de números para tornar crível a ideia de uma epidemia de autismo.

O que aconteceria se outras classificações rejeitassem essa manipulação? Pode-se apostar que o autismo, seguramente, retornaria a seu estatuto de patologia rara: é o que revela a CFTMEA 2000, que não teve as mesmas razões que o *DSM-III* para rejeitar violentamente a psicanálise; e é este, sem dúvida, o motivo pelo qual na CFTMEA 2000 o autismo continua como uma psicose infantil rara. Além disso, o autismo ainda é encarado como diferente da Síndrome de Asperger, que apenas em 2000 fez sua aparição nesta classificação. Pode-se dizer, portanto, que "o autismo" na França não conseguiu a mesma aceitação que nos Estados Unidos, e seu futuro de "grande transtorno" está comprometido; e por esta razão a CFTMEA é considerada como um obstáculo pelas pessoas que apoiam as associações "pró-autismo", obstáculo que deverá ser vencido para assegurar a vitória do espectro no *DSM-5*.

A estratégia ofensiva desses discursos deveria, então, fazer com que se curvasse essa singularidade francesa, pouco propícia à vontade de hegemonia globalizada. Não seria por isso que o relatório da HAS sobre o autismo deveria desaprovar a classificação CFTMEA? Assim, os que defendem o "autismo generalizado" poderiam surrupiar para si outras categorias, tais como "Desarmonia do Desenvolvimento", "Desarmonia de Evolução", "Desarmonia Evolutiva", "Desarmonia Psicótica", "Transtorno Complexo e Múltiplo do Desenvolvimento (MCDD [*Multiple-complex Developmental Disorder*]). Além destas, várias "depressões infantis" seriam despejadas na categoria "Autismo".

A batalha dos nomes e dos números em torno do autismo

O "Plano Autismo" instituído pelo Ministério de Saúde é favorável ao CID-10, próximo do *DSM-5*. A HAS adota igualmente suas conclusões: "O Colégio da HAS constata que, no que concerne especificamente aos TID, a contribuição clínica da Classificação Francesa dos Transtornos Mentais da Criança e do Adolescente (CFTMEA-R) não é um consenso. De fato, o termo 'psicose precoce', utilizado por esta classificação, bem como os termos 'psicose infantil' e 'psicose infantil precoce', é contestado em razão das dificuldades de interpretação que comporta".[147] Esta retórica incompreensível não tem outra finalidade a não ser mascarar a hostilidade à psicanálise por parte dos experts subservientes às teses das TCCs e favoráveis ao *medicine business*.

O parecer nº 102 do Comitê Nacional de Ética, do dia 5 de dezembro de 2007, reconheceu oficialmente o número de autistas na França entre 350 e 600 mil, ou seja, entre 0,6% e 1% da população, assim como as múltiplas dificuldades e deficiências do sistema francês no que concerne ao seu tratamento.

Sublinhemos ainda que os dois principais programas de análise do comportamento aplicado ao autismo — conhecidos como ABA e

---

147 Haute Autorité de Santé. "Communiqué de Presse. Autisme et troubles envahissants du développement: la HAS publie un état des connaissances partagées. Datado de 24 de março de 2010 (disponível na internet).

TEACCH[148] — constituem lobbies bastante ativos na batalha dos números e dos nomes. De fato, se os programas ABA acontecem geralmente em casa, e são compostos por 40 horas semanais de condicionamento intensivo durante dois ou três anos, o método TEACCH consiste, por sua vez, em um condicionamento que passa por suportes visuais e se aplica essencialmente aos hospitais-dia. Estes dois métodos estão em guerra para obter a exclusividade no tratamento do autismo e assim obter as benesses financeiras do Estado, passando a abarcar pacientes desde a mais tenra idade.

Quanto tempo será necessário para que a HAS depreenda as consequências do artigo de A. Frances publicado no *New York Times*, a propósito do *DSM-5*, onde o autor considera que o manual "promete ser um desastre"?[149] A. Frances, que revisou pessoalmente o *DSM-III* e dirigiu o *DSM-IV*, confessa que já para o *DSM-IV* havia "tentado conter a inflação de diagnósticos". Segundo ele, "conseguiu conter os diagnósticos em adultos, mas no que concerne aos diagnósticos infantis não conseguiu prever nem controlar o entusiasmo em voga na direção de um excesso de diagnósticos de autismo, de Transtornos de Déficit de Atenção com Hiperativi-

---

148 ABA: *Applied Behavior Analysis*; TEACCH: *Treatment and Education of Autistic and Related Communication Handicapped Children*.
149 Frances, A. Diagnosing the D.S.M. In: *The New York Times*, 11 de maio de 2012 (disponível na internet).

dade (TDAH) e de Transtorno Bipolar". O mesmo A. Frances critica severamente o NIMH como "insensível à clínica" — quer dizer, bastante voltado à genética —, e defende a perda do monopólio da APA, já que os sintomas psis que ela fabrica são extremamente perigosos. Frances almeja a criação de um instituto que a substitua rapidamente.

A recusa da HAS a considerar esses dados que concernem o autismo atual deveria, sem dúvida, desacreditá-la. Mas um problema persiste, e quanto a isso será preciso se posicionar com clareza: como conceber, de fato, que a HAS, que ignora tudo sobre a psicanálise, esteja habilitada a julgar e interditar — ou mesmo apenas desacreditar ou recomendar – uma ou outra prática psi? Quando ela estabelece suas recomendações, os psicanalistas jamais são solicitados a esclarecê-las. Sofreriam eles de um déficit de reconhecimento dos poderes públicos, por não pedirem nenhum benefício financeiro ao Estado?

8.

APOSTAR NO HUMANO

Esse novo ataque contra a psicanálise vem, igualmente, da avaliação cultivada pelas TCCs. Já tive a ocasião de mostrar como esse cientificismo gangrenou os discursos da universidade e do capitalismo. A nova batalha verifica, através da atualização, a pertinência dos dados que a precederam, e que podem ser abordados por quatro ângulos distintos: clínico, epistêmico, ético e político.

A Clínica

Falar não é rentável

A nova prática dos psiquiatras nos Estados Unidos consiste em "colocar etiquetas" em seus pacientes, quer dizer, em avaliá-los com base em perguntas sobre seus sintomas, para ver se corres-

pondem a um dos transtornos catalogados pelo
DSM. Um paciente pode, assim, descobrir-se ador-
nado por sete diagnósticos diferentes. Consequentemente, uma prescrição básica pode conter cinco
medicamentos: três para lutar contra a depressão, a
angústia e a insônia, e mais dois para lutar contra
os efeitos colaterais dos medicamentos prescritos,
como episódios maníacos do humor, cansaço, ga-
nho de peso, impotência etc.

A prática das terapias pela palavra não é considerada "rentável", pois as sessões têm sua duração
baseada no tempo cronológico. Consequentemente, é mais lucrativo para um psiquiatra prescrever
medicamentos. D. Carlat confessa em seu livro que
pode receber três pacientes por hora para prescrever ou renovar as receitas, e para isso receber dos
convênios US$180 por hora. Uma terapia pela pa-
lavra o condicionaria a receber apenas um paciente por hora, e os convênios lhe pagariam apenas
US$100.[150]

Na França, o ensino de Lacan subverteu a
prática de sessões baseadas no tempo do relógio, que
ele mostrou serem mais condizentes com os rituais
obsessivos do que com o inconsciente, que, além do
mais, ignora o tempo. As sessões de psicoterapia no
país, apesar de distanciadas da psicanálise, trazem
em si sua marca, pois estão menos sob o jugo do
horário do que nos Estados Unidos, que continuam

---

150 Dados relatados por M. Angell, em "À qui profitent les
psychotropes?", *op. cit.*, p. 33.

submetidos ao imperativo da felicidade inscrito em sua Constituição. Isso nos permite entender melhor por que, na França, a psicanálise continua sendo um inimigo a ser derrotado. Certo número de psicanalistas orientados privilegia, primeiramente, a palavra. Não cultivam a ideia excêntrica de que existiria uma pílula da coragem; mas tampouco negligenciam o auxílio, enquanto suporte, que a química das moléculas pode trazer em alguns momentos cruciais da vida daquele que se queixa por estar imerso em um sofrimento impossível de suportar. Os psicanalistas apostam no humano e no desejo em primeiro lugar, e obtêm resultados duráveis que nada devem nem ao adestramento nem a outras coerções cruéis ou humilhantes.

A obediência até a morte

Da fabricação de "sintomas" pelos experts acadêmicos até às técnicas de marketing, são as TCCs e seus condicionamentos que estão operando. Tratam os humanos como cachorros de Pavlov, e por isso conseguem com facilidade vender os condicionamentos junto com os medicamentos (também vendidos segundo o principio do condicionamento) às crianças e adolescentes. Impõem, assim, a mordaça química, para que os sujeitos obedeçam como cachorros a serem adestrados. É um fato: as crianças e os adolescentes se tornam mais obedientes na escola para satisfazer a demanda autoritária da qual são as presas. Os adeptos das TCCs se regozijam, julgam que se trata de um sucesso evidente. Mas a psicanálise se interroga legitimamente sobre a "epidemia" de suicídio que dizima a nossa juventude, submetida a esses tratamentos cruéis.

Nomeação ou impostura?

Desde Adão e a Criação, sabemos que a nomeação é uma função eminente. A psicanálise nos ensina também que aquele que toma a liberdade de nomear sabe que deve assumir as responsabilidades que isso implica. Se aquilo que é nomeado é tomado como real, sem que este seja o caso, então esse nome e aquele que o proferiu a partir de seu lugar de autoridade são marcados com o selo da impostura. O efeito deste *mal-dizer* — ou *mal-di(c)ção* — é uma expulsão do real. A partir de então, este real fica condenado a retornar de modo devastador, até que um nome justo o arranque dos efeitos deletérios da repetição.

Os experts acadêmicos fabricaram doenças com a pretensão de que sejam universais, mas na realidade são generalizações tão vagas que lhes escapa o real que deveriam nomear. O sofrimento das crianças e dos adolescentes atinge, assim, um paroxismo insuportável. De fato, quando a fala é amordaçada, atos violentos são desencadeados; e esta violência induzida pode se manifestar contra os outros, um fenômeno bastante conhecido, como as matanças em série nas escolas e nas universidades dos Estados Unidos. A violência pode também se virar contra o sujeito reduzido ao seu silêncio pelos condicionamentos comportamentais e pelo excesso medicamentoso — haja vista as epidemias de suicídio nos mesmos estabelecimentos escolares e universitários; foi preciso a autoridade do presidente dos Estados Unidos para frear esse descaso mortal.

A avaliação praticada pelos adeptos das TCCs não se limita ao campo psi; ao contrário, está presente em todos os lugares da socialização obrigatória que visa a rentabilizar o "capital humano". Esse tipo de gestão, que pratica a avaliação de estudantes e assalariados por meio de questionários, retira toda a possibilidade de verbalização, provocando os efeitos mortais do *burnout* nos campi e nos locais de trabalho — essa avaliação mata.[151]

Os esquecidos nesse caso são as crianças que sofrem e suas famílias desamparadas. Quanto tempo ainda será preciso esperar para barrar esse descaso? E até lá, quantas mortes de crianças, quantos efeitos colaterais irreversíveis devido aos estragos

---

151 *Cf.* Aflalo, A. Boiter n'est pas un péché. Editorial. *Le Nouvel Âne*, nº 10, "Évaluer tue". Paris: Navarin, fevereiro de 2010, p. 3 (disponível no endereço: http://forumpsy.wordpress.com). O Fórum dos psis "Évaluer tue" [Avaliar mata], organizado por J.-A Miller em 7 de fevereiro de 2010 no Palais de la Mutualité, Paris, acolheu vários interventores, entre os quais Bernard-Henri Levy, Éric Laurent, Cynthia Fleury, Roland Gori, Jean-Claude Milner, Yves-Charles Zarka, Mathias Gokalp e Margaret Moreau, entre outros.

provocados pela avaliação das TCCs e aos medicamentos mal empregados e por longo prazo? Poder tomar a palavra: não é isso que confere a cada um sua dignidade enquanto humano?

A Episteme

Questão preliminar a todo tratamento possível do autismo

Antes de se colocar a questão sobre que tratamento convém ao autismo, é urgente perceber que a palavra "autismo" abrange diversos significados. Bleuler a inventou nos anos 1910, para nomear psicoses infantis precoces, a partir do conceito de "autoerotismo" que tomou emprestado de Freud; este, por sua vez, notará rapidamente que o que caracteriza essas crianças é a ausência da escolha de objeto. Bleuler, porém, recua diante desta palavra; por temer que cause um choque ao pudico público suíço, ele a contrai, transformando "autoerotismo" em "aut-ismo" para fazer desaparecer o "eros", considerado bastante comprometedor. Freud prediz imediatamente que caso ele ceda diante da palavra também cederá diante da coisa, e o destino da palavra "autismo" virá de fato a comprovar a profecia de Freud. Com o passar do tempo, a palavra foi sendo cada vez mais usada para rejeitar a psicanálise. As contribuições da psiquiatria clássica compartilham o fardo, já que o próprio termo "psicose", julgado demasiadamente estigmatizante, também veio a ser rejeitado.

O *DSM* se pretende a-teórico, mas, na realidade, defende as teorias das TCCs porque são compatíveis com os interesses econômicos em jogo: os seus.

O sintoma

No campo psi, somente o sujeito pode dizer, para si mesmo, o que não anda bem. Se a palavra atinge o sintoma, é porque ele é fabricado por palavras, ao menos em parte. Se um sujeito não fala, não quer dizer que seja estrangeiro à linguagem e aos seus efeitos. Além disso, o sintoma psíquico nunca é objetivo; e não somente é subjetivo, como faz do psicanalista sua parte integrante, pois o sujeito a ele se dirige e as respostas que recebe modificam o sintoma, que responde segundo a maneira como a ele nos dirigimos. Se assim ocorre, é porque os seres falantes são feitos de palavra e de libido. É então ilusório pensar o sintoma psi a partir do modelo médico de sintoma.

Os psicanalistas não praticam a segregação induzidos por diagnósticos, pois sabem que quanto mais se tenta controlar o sintoma, mais forte ele fica, se tornando opaco; por outro lado, quanto mais se cerca sua causa, mais enfraquecido ele se mostra — uma das razões pelas quais a abordagem psicanalítica do autismo permite reduzir as crises violentas agressivas e os atos de automutilação.

O mal-estar

Os diagnósticos à moda do *DSM* ou provenientes de outras classificações não apenas produzem segregações, como engendram um mal-estar associado à recusa a segregar. Nos Estados Unidos, certos estabelecimentos escolares se transformaram em verdadeiros hospitais-dia, onde a obrigatoriedade da medicação e outros condicionamentos são impostos aos alunos. Mais tarde, quando a mordaça não é mais suficiente, a escola se torna um campo onde os comportamentos pueris são criminalizados. A partir daí, em alguns Estados, os policiais passam a patrulhar durante o recreio:[152] cada infração ao regulamento é penalizada e registrada na ficha criminal, e as crianças são enviadas às prisões para menores.

Foi o caso particular de uma adolescente cuja avaliação a aprisionou no diagnóstico de TDAH, e que havia se perfumado em sala de aula. Uma correlação de causa e efeito nunca é estabelecida entre a aparição das passagens ao ato e o silêncio imposto por essas avaliações diagnósticas e os tratamentos que implicam. Por que seria preciso considerar

---

152 *Cf.* Couvelaire, L. Au Texas, les policiers patrouillent à la recré. In: *M. Le Magazine du Monde*, nº 23, 25 de fevereiro de 2012, p. 16.

como fatalidade uma engrenagem que consiste em suscitar a violência para criminalizá-la em seguida, numa idade cada vez mais precoce? Seria tão irresistível essa ênfase no aprisionamento em campos, cada vez mais entrincheirados, a ponto de serem o único destino a se considerar para nossas crianças?

Para poder se sentar no colo da ciência, a psiquiatria quis ser objetiva. Ao invés disso, depois de sua separação da psicanálise, passou a acelerar o naufrágio cientificista da disciplina, revelando-se como o ramo mais subjetivo de todos os que compõem a medicina — razão pela qual os psiquiatras que prescrevem, e também os clínicos gerais, se tornaram o alvo dos sonhos da indústria farmacêutica.

Não há duvidas de que o uso dos psicotrópicos mudou a situação. O problema não é ser a favor ou contra seu uso, mas sim adotar uma abordagem pragmática para o atendimento dos pacientes; e para isso é necessário que se abdique de um uso fetichista dos medicamentos para priorizar indicações mais pontuais.

A Ética

O rigor da psicanálise

No momento em que a prática da medicina corre o risco de transformar o juramento de Hipócrates[153] em um juramento de hipócrita, não é inútil relembrar alguns princípios da ética da psicanálise, que não é uma ciência, mas pretende ter o mesmo rigor. De fato, em sua exposição pública, procede do mesmo modo que a ciência pela via da demonstração, mas, ao contrário da ciência, só avança caso a caso.

É um discurso novo que emergiu no século passado, quando se conseguiu renunciar aos poderes da sugestão — Freud explicou este ponto diversas vezes em sua obra, e Lacan não cessou de conceituar, durante todo seu ensino, a distância que separa a sugestão da transferência. O discurso analítico deve, portanto, ser julgado por seus próprios conceitos, e não pelos importados de outros campos baseados unicamente na sugestão.

Que cientista sério pode pretender criticar uma disciplina com conceitos que não são os seus? Poderia a psicanálise acusar um pediatra de ignorar o recalque, e um hematologista de ignorar a transferência? Portanto, como poderiam um pediatra ou um hematologista serem qualificados para deliberar sobre uma disciplina que lhes é completamente estranha?

Os cientistas sérios sabem que em medicina

---

153 O Juramento de Hipócrates é um juramento tradicionalmente feito por médicos no ocidente antes de começarem a exercer a medicina. É considerado o princípio-base da deontologia medica, sendo atribuído ao médico grego Hipócrates (Fonte: Wikipedia).

os placebos nunca são neutros, e seus efeitos podem surpreender. Os cientistas se voltam para a magia e dedicam cada vez mais congressos a ela por não conseguirem conceder um lugar apropriado ao peso da palavra e da libido, assim como às suas diversas consequências como, por exemplo, a sugestão. Como é possível que se pretenda impor estudos duplos-cegos aos psicanalistas, quando sabemos que eles operam apenas com as palavras? Que cientista seria suficientemente maluco para ter a ideia de que pode controlar as palavras, a ponto de neutralizar os efeitos de significado do significante?

Os conflitos de interesse são bastante claros, mas não são os únicos em questão. Há também em funcionamento, para cada um de nós, um conflito subjetivo que se manifesta de várias maneiras, desde a denegação até à cegueira, independentemente do lugar que ocupamos nesse debate: paciente ou médico, universitário ou estudante, financiador ou financiado, cientista ou pesquisador, religioso ou laico, avaliador ou avaliado. A psicanálise dá lugar ao inconsciente, quer dizer, ao sujeito, que é sempre dividido, e ao conceito de objeto *a* formalizado por Lacan, que se manifesta pela busca incessante daquilo que constitui nosso próprio interesse. Por exemplo, queremos que a ciência progrida, mas nem sempre queremos aceitar suas consequências; queremos aproveitar os benefícios do capitalismo, mas não queremos mais obtê-los a partir dos desvios científicos etc.

Como compreender, sem o conceito de objeto *a*, essa relação com o objeto que nos divide e nos permite optar ao mesmo tempo por duas escolhas diferentes, o que implica em que a opção decisiva seja sempre da ordem da escolha forçada? Dito de outro modo, como no famoso exemplo da opção entre a bolsa ou a vida, não há apenas a coerção de dever escolher, mas também uma perda definitiva: perder a bolsa para manter a vida ou perder a vida e, consequentemente, também a bolsa, isto é, a escolha não recai sobre a perda, que é sempre garantida, mas sobre o limite consentido para esta perda. O objeto *a* lacaniano funciona como esse objeto perdido. Há uma perda definitiva de gozo que jamais é preenchida, por nenhuma recuperação de gozo ulterior.

A eficácia do marketing — quer se saiba disso ou não — se deve a uma utilização do objeto *a* que faz com que se acredite na ilusão de que essa perda pode ser anulada. O objeto *a* tem formas variadas, mas está sempre ligado ao atrativo do presente em geral e do presente gratuito em particular — desde o presente encontrado dentro do pacote de sabão em pó para a dona de casa ou para seus filhos até remunerações em ações das empresas farmacêuticas oferecidas aos KOL por serviços prestados.

Ora, nada é gratuito, exceto a morte. Somente ela obedece a uma verdadeira justiça distributiva. Esta é a razão pela qual se diz que, a cada vez que um presente (gratuito) ou qualquer outro "bem do povo" se apresenta, o ditador não deve estar longe. Então, o problema moral se coloca, mas se reduz sempre muito rapidamente a uma oposição simplista entre o bem e o mal. A dimensão do inconsciente faz aparecer outra dimensão, ética, que dá lugar à decisão do sujeito, por saber que um gozo mortífero habita cada um de nós e, enquanto sua causa inconsciente não for revelada, trabalha contra nós mesmos. Portanto, o fato de se deixar escravizar por um novo mestre cientificista não é uma fatalidade.

Burocratização e descaso

Em todo lugar por onde passa, a avaliação das TCCs adere ao reino deletério da burocracia. Nossas instituições se transformaram em verdadeiras máquinas burocráticas sanitárias que demandam sempre os mesmos experts acadêmicos, adeptos do método das TCCs e apoiadores da indústria farmacêutica. Quanto aos psicanalistas, não são jamais solicitados, apesar de algumas escolas de psicanálise serem reconhecidas como sendo de utilidade pública e possuindo o estatuto de ONG, como a École de la cause freudienne.

Contrariando Freud, os psicanalistas americanos sempre quiseram que a psicanálise fosse inscrita na medicina, e nos dias de hoje percebe-se melhor as consequências desse equívoco. Esses mesmos psicanalistas — que também são psiquiatras e professores universitários — quiseram tornar a psicanalise compatível com a avaliação das TCCs, sustentando assim a fabricação do sintoma biopsicossocial, do qual resta atualmente apenas o "bio", estando arruinada a sua psicanálise. O veredito freudiano se verifica ainda hoje: se começamos cedendo diante das palavras, cederemos em seguida diante das coisas.

Responsabilidade frente ao real

Uma vez rejeitada a psicanálise, o real da libido não é mais considerado nos sintomas psi como são concebidos pelas TCCs. Não resta nenhum outro real a não ser o biológico. Ora, este real biológico, que vale para o organismo, responde a leis científicas que valem para todos. Não é o caso do real da libido, que é sem lei, mas não sem causa — e sua causa é singular. Os experts universitários, que aderem às TCCs e servem aos laboratórios farmacêuticos e suas classificações, deixam à deriva um real que já não é ancorado pelas palavras — são os agentes de um discurso que, na medida em que suas operações universalizantes reforçam os sintomas que pretendem combater, não cessa de produzir o mal-estar contemporâneo. Cada vez mais a singularidade do sintoma é deixada de lado, em benefício da descoberta de novas leis que nos aliviariam do peso de nossas responsabilidades.

Enfim, é exatamente a recusa da responsabilidade que engendra a procura de outras leis que nos escravizam ainda mais: o mito das causas genéticas dos sintomas não tem outro objetivo além deste, como no caso já mencionado dos cromossomos sexuais frente à sexualidade. Poder falar e ter a sorte de ser escutado, como propõe o discurso analítico, pode permitir que se crie uma solução válida para si. Cada humano deve, então, subjetivar esses dados anatômicos: é sempre isso que está em jogo nos sintomas, independentemente de sua forma.

De certo modo, podemos dizer que sempre se verificará a tese química ou genética do sintoma psi, necessariamente subentendido nos dados anatômicos. Deveríamos, em consequência disso, reduzir o humano a um monte de órgãos e de genes?

A Política

A gangrena cientificista

Nos Estados Unidos, os trustes farmacêuticos consideram as seitas como seus únicos inimigos. Com base nisso, compreende-se melhor por que na França, em 2003, alguns universitários tentaram convencer os políticos de que a psicanálise, particularmente a psicanálise de orientação lacaniana, deveria ser tratada como uma seita.

Devemos grandes descobertas à pesquisa farmacêutica. Ademais, devemos reconhecer que o problema da *Big Pharma* está relacionado a seus desvios cientificistas. A universidade adota os mesmos desvios cientificistas que o capitalismo. Porém, apesar de o capitalismo ter sido considerado, em determinado momento da história, o único discurso compatível com a democracia, as crises financeiras demonstraram até que ponto o cientificismo tinha minado todo o sistema: os bancos haviam pedido aos experts que fabricassem produtos rentáveis; em seguida, pagaram os mesmos experts para emitirem um "parecer imparcial" sobre estes mesmos produtos, parecer que sempre se mostrou favorável a seus associados.

A irresponsabilidade de alguns coloca o sistema em perigo. Na universidade assistimos aos mesmos desvios e pelas mesmas razões, com uma única diferença: os experts acadêmicos ocultam sua avidez pelo poder. O resultado, no entanto, é o mesmo; o abismo da morte — que aspira cada vez mais pessoas — é o único freio a limitar esse poder.

Por outro lado, graças à internet, a informação pode agora circular. E em vários países, cada vez mais universitários, pesquisadores e jornalistas íntegros percebem as bases dessa fraude e a denunciam.

Todo mundo delira

Até certo ponto, o discurso capitalista era compatível com a democracia. Mas sua macabra aliança com o cientificismo das TCCs o fez mudar de rumo, e passou a lhe conferir um tom totalitário inquietante, que consome cada vez mais o consumidor. Hoje, a retórica da avaliação favorável às TCCs invadiu nosso cotidiano, colonizando até mesmo a linguagem. Tenta, assim, controlar o humano até transformá-lo em escravo, um pesadelo não apenas para os políticos, mas para a espécie humana como um todo.

Conseguiram, por exemplo, convencer a Organização de Cooperação e de Desenvolvimento Econômico (OCDE) de que até 2020 os transtornos mentais seriam a segunda causa de adoecimento e morte. Ora, em 2009, os países da OCDE consumiram mais de 700 bilhões em medicamentos.[154] É preciso, então, um esforço a mais para materializar o aforisma retomado de Lacan por Jacques-Alain Miller e dar-lhe seu justo alcance na atualidade, dele extraindo suas consequências: "Todo mundo delira".

A psicanálise, hoje, dispõe de vários recursos para lutar contra o obscurantismo das avaliações. E neste combate teremos que optar entre duas frentes: a colaboração ou a resistência.

O primeiro ataque contra a psicanálise na França, em 2003, evidenciou o papel dos universitários, dos burocratas e da *Big Pharma*, interpretado na época por J.-A. Miller e pelos psicanalistas de orientação lacaniana. Um segundo ataque nos dias atuais nos faz perceber não somente a excepcional

---

154 *Cf.* "Panorama de la santé 2011. Les indicateurs de l'OCDE" (disponível no endereço: http://www.oecd-ilibrary. org).

produção de vítimas, mas também a lei de ferro de um discurso que cada vez mais se baseia nas sombras — *shadowing* —, nos fantasmas — *ghost writers, ghost managers* — e outros espectros: eis aí a melhor descrição da vontade de se estabelecer entre os mortos para melhor se excluir do real.

Ora, o veredito lacaniano é irrevogável: "O preço a ser pago por aquele que quer falar dentre os mortos é a errância".[155] Não há meio, de fato, de se livrar da política do inconsciente sem que se pague um preço por isso; é o que nos faz entrever por que o Dr. Lacan desejava que o discurso analítico tocasse o maior número possível de pessoas.

De fato, no momento de sua criação, a psicanálise era apenas para alguns poucos privilegiados abastados. Mas em menos de um século, graças ao seu sucesso, ela se difundiu em todas as democracias, e o preço desse sucesso é que várias práticas se nela inspiraram sem serem capazes de manter a foco sobre o real. Lacan havia predito que, caso a psicanálise fosse bem-sucedida (aqui subentendido "em dissolver o real"), ela desapareceria. Podemos dizer que na França, em 2003, pôde-se verificar que esta possibilidade poderia se realizar se o desejo dos psicanalistas não se manifestasse de maneira decidida.

A ameaça continua presente. Em 2003, a psicanálise poderia ter sido vítima de seu sucesso

---

155 *Cf.* Lacan, J. Prefácio de "O despertar da primavera" [1974]. In: *Outros Escritos*. Rio de Janeiro: Zahar, 2003, p. 558.

a ponto de se deixar absorver pelas psicoterapias às quais deu origem,[156] caindo desta forma dentro do âmbito das leis que o legislador quer lhe impor — no que se refere, particularmente, à sua formação na universidade. E sabemos que esta formação, privada, não pode se dar a não ser pela experiência da psicanálise.

É também um fato, contudo, que a psicanálise pode ser reconhecida como sendo de utilidade pública, e como tal deve prestar contas. O sucesso de massa se equivaleria a um fracasso caso o real lhe escapasse, como escapa aos outros discursos. Se Lacan manifestou o desejo de que o discurso analítico tocasse o maior número possível de pessoas, é porque sabia ser este o único meio para que esse discurso contrabalançasse os efeitos universalizantes dos outros discursos.

O discurso analítico é, de fato, o único que conserva seu foco no real, mas só pode tocar os sujeitos quando são tomados um a um. Portanto, somente a força de um grande número de desejos decididos poderá fazer com que este discurso continue existindo.

Era previsível que a psicanálise tivesse que prestar contas, algo que Lacan e os psicanalistas de orientação lacaniana sempre encararam com seriedade. A história da psicanálise está apenas come-

---

156 *Cf.* Miller, J.-A. "Orientação lacaniana" [2003-2004], ensino pronunciado no âmbito do departamento de psicanálise da Universidade de Paris VIII, inédito.

çando; e esta é, sem dúvida, a razão pela qual ainda podemos dizer, com Lacan: "Não estamos entre os que se afligem".[157] Hoje, do mesmo modo que ontem, nós venceremos. Porque não temos outra escolha.

157 Lacan, J. Os complexos familiares na formação do indivíduo [1938]. *Outros Escritos, op. cit.*, p. 66. Nota da Autora: Agradeço a Cristiane Alberti por ter me transmitido esta frase de Lacan.

Esta obra foi composta em Adobe Garamond
12/14. Impressa com miolo em offset 75g
e capa em cartão 250g, por Createspace/ Amazon.